最後の質問

源 喜三太
Minamoto Kisanta

たま出版

目　次

今、
死に直面している
人々へ

この生にもはや行き先の見えない人々へ
そして修行の最後の段階にある人々へ
あなたは良い時期にある。

あなたは最初で最後のチャンスを目の前にしている。
これを逃してはいけない。
勇気を出してこのチャンスを生かすのだ。
この時期はあなたにとってとてもとても貴重な体験となろう。
なぜなら真理と言えるものが今、明らかになろうとしているからだ。
真理とはあなたが集め続けたがらくたではない。
真理とはあなたがしがみ続けた幻ではない。
何か永遠なるものだ。
あなたに真理を直視する勇気さえあれば今、
あなたの目の前に開かれようとしている。
さあ、一緒に行こう。
最後の真理の探究へ。
そして死の彼方へ。
オウム真理教の件で世間は大変な騒ぎになった。それはとても良いことだ。長い間闇に葬りさられていた多くの問題に光が当てられたからだ。

オウム真理教だけではない。たくさんの宗教が何千年にもわたって人々を誤って導き、搾取してきた。それは今も全く変わってはいない。

そのすべての原因は我々《われわれ》にある。我々は一体そこから何を学んだのだろう。

今はもう訳の分からないお経や呪文を唱えている時期ではない。誰かの後をついていったり何かを信じたりしているわけにはいかない。それではもうどうにもならないのだ。そのようにして救われた者など皆無に等しい。かといって我々は物質的な生活だけで満足できるわけではない。自分一人ではどうしていいのか全く分からないという具合だ。

探求するのだ。

探求を続けるのだ。

誰かの信者になるのではなく、どこかの宗教に入って分別に欠けるようになるのではなく、あなた自身の大疑問に従って探求を続けるのだ。苦しいのは最初だけだ。成長するに従い全く質の違う喜びを知るようになる。そして知るのだ。一切の探究、それは「本当の自己を知ること」なのだということを……。

信者は不幸のままだ。

そして、不幸な者が信者になってきた。信者が幸せであったためしがない。幸せなものがなぜ何かを信じる必要がある？　あなた自身があなた自身であなた自身を発見するまで真の平安はやってこない。そしてそれは決して外側にはないのだということを徐々に確信していくだろう。

この書に書かれていることを受け入れ理解しようとすればあなたは真理に至るだろう。

なぜなら真理とは「あなた」なのだから。それ以外ではない。それ以外ではありえないのだ。あなた以外の一切のもの、それは結局役に立たない。そしてそれは必ず去っていくものだ。何であれ、与えられたものはまた取り去られる。永遠なる何かをあなた自身に見いださない限り、今あなたのかかえている一切の問題は依然として残る。それらの問題は強弱や形は変わっても依然としてそこにあり続けるだろう。なぜなら問題は「あなた」なのだから。

だから、さあ出発しよう。すべての準備は整った。今から真理の扉のカギを手にし、自らの手で開けるのだ。あなたはすごい。並の者ではこの書には接することができない。なぜならこの世で一番見たくないものだからだ。なぜならこの世で一番避けたいものだからだ。

それは「本当の自分」。しかしそれを知る以外一体何があるというのだ。人々はいつも引き裂かれている。何かを手に入れてもむなしい。なぜなら自分がそこにいないからだ。自分が分離してしまっているからだ。自分を避けてきたからだ。

〝おめでとう〟と私は言いたい。あなたには用意が出来たのだ。あとは「知ること」だけだ。

あなたは肉体ではない。

本当のあなたとは肉体ではありえない。

肉体はやってきていつか必ず去っていく。本当のあなたとははじめからあっていつまでもあるもの。この肉体に起こる多くのものを「見守るもの」だ。そのことを知れば、肉体の痛みはあるがもはや苦しみは起こらない。そのことを理解すればあなたに死は起こらない。

人が肉体と共にあるとき、苦しみから逃れることはできない。なぜならこの肉体は老い、病を背負い、いつか必ず消え去っていくものだからだ。しかし、あなたは残る。真理とは「いつまでもどこでも不変なる何か」ということ、そしてそれが本当のあなたなのだ。

この書を読み終わる頃には、あなたはすべての普遍的宗教の言わんとすること、一切の経典や聖典が理解できるようになっているだろう。そしてその不滅なるあなた、真のあなたを知ることが平安であり至福であり神であり仏であり悟りであるのだ。

だが、この教えは尋常ではない。

この教え、この秘密のカギは並の人には理解できない。

この教えはよほど生を探求した人か、または死というものを目の前にした、そして死に直面しようと決意した勇者だけしか受け入れ難く、また行い難い。

普通の人々は相変わらず外側の世界を追い続けている。本当はどこへ向かっているとも知らずに。本当は自分が一体何をしているかも知らずに。

あなたはとても良い時期にある。あなたにちょっとした勇気があれば、今すべてが準備されている。

目の前に迫りつつある死を直視するのだ。死とは一体何なのかを探求するのだ。決して逃げてはならない。そして逃げることはできない。

あなたが逃げようと思っても死は必ず近づいてくる。いや、逃げようとすればするほど死は大きく強く見えてくる。

あなたが勇気を出して直面することができればそれを理解することができ、それを知れば知るほど死はどんどん小さく小さく、そして弱く弱くなってくる。

あなたは死に立ち向かう以外にどこへも行くところはない。何もすることもない。今まさに死がすべてを吸い込んでしまおうとしているのだから。

だから、あきらめて他のことは一切投げ捨てて最後の仕事にとりかかろう。

さあ、一緒に行こう。ブラックホールの真ん中へ。

それをくぐりぬけるたった一つの方法。
それはその中に入っていくことだ。
一切を知るたった一つの方法。
それは「見る」ことだ。

真理の探究

死は終わりではない。
死によって終わるものはない。
誕生によって始まったものはない。
死とは――。

肉体の死とは単に「恐怖」ということだ。

もしそこに恐怖がなければ死はない。

死から恐怖をとったら一体何が残るというのだ。恐怖のない死など想像すらできないではないか。少したとえ話をしよう。

眠りを恐れる人がいようか？

すべての人が安らかな眠りを求めている。ほとんどぐっすり眠るために活動しているようなものだ。人はくたくたになり、そしてぐっすり眠ろうとしている。

眠りと死との違いは何だろう。

それは次の朝、目が覚めるかどうかの違いだけだ。もし次の朝、目が覚めると思って眠った人が二度と目を覚まさなかったとき、それは一体どういうことだろう。他人は彼を死んだと言うだろう。しかし当人は全く死など予期していなかったのだ。何の恐怖もなく永遠の眠りについたのだ。

果たして彼に死はあったのかなかったのか。

なかったとは言えまい。確かに彼の肉体は自然へと帰っていったのだから。しかし彼には全くの予感も恐怖もなかったのだから、彼に死が起こったとも言えまい。彼は静かなものだ。私が言いたいのは、問題は死や眠りではなく「あなた」なのだということだ。この「あなた」それがあなたの探求するすべてとなる。

一体何が死ぬというのだろう。
肉体か、あなたが蓄えた全知識か、あなたの感情か。

肉体とあなたは同じではない。
物事が、現象が、存在するためには必ず二つのものが大前提となる。これはとても重要なことだ。真理の探求のためにはこれは決して忘れられてはならないものだ。
これが真理の探求の唯一の公式だ。

存在の証明＝見るものと見られるもの

別な言い方をすれば「体験」と「体験者」、「主観」と「客観」とでも言えよう。そのどちらが欠けても存在を証明することはできない。つまり存在できない、存在していない、ということだ。

深海の底の小さな石ころは、もし発見されなければ「ない」のだ。宇宙の果ての星も、もし発見されなければそれは「ない」のだ。発見された瞬間、それは「ある」、そうでなければ「ない」のだ。

「発見されなければないのも同然だ」ではなくて、本当に「ない」のだ。真理もそうだ。悟りはどこにもある。いつでも誰にでもある。しかし、あなたが発見しなければそれは「ない」のだ。〝見るもの〟と〝見られるもの〟、このことを理解してほしい。このことをよく覚えておいてほしい。精神活動も含めて、肉体にはたくさんのことが起こる。しかし、本当のあなたとはそれらの一切を見守るものだ。その「見るもの」、その一切の主人公なしには何物も存在することはできないのだ。つまり、すべてを体験するものだ。体験者と体験、それがこの宇宙のすべてだ。

あなたはとても良い時期にある。そして今度こそ無意識であってはならない。死に背を向けてはいけない。この時期こそ最高の宇宙の贈り物なのだ。

人は幾度となく生まれ変わるという。それは執着という原因が誕生という結果を生むからだ。そして人は自己を肉体と同一視している限り苦しみから逃れることはできない。

本当の自己の探究が今なされなければならない。そしてすべての聖者が言うように、無意識こそ一切の原因なのだ。

人は無意識に同じことを何万回も繰り返す。

人は無意識に同じ所を何万回もまわり続ける。

人は無意識に生きる。

人は何もかも忘れたいと思っている。

そして、この自分さえいなくなれば、この自分の頭の中のおしゃべりさえやめば楽になること、静かになることを本能的に知っている。娯楽といわれるもののすべては、いかに自分を忘れるか、夢中になるかにかかっている。人は自分が無意識になればなるほど楽になることを知っているので、そうなれる何かを探す。ジェットコースター、そのスリルはあなたを忘れさせる。おいしいもの、恋はあなたを忘れさせる。テレビや酒はあなたを無意識の世界へ連れていってくれる。そして人は、この自分から逃げようとする。このエゴ、この思考が自分だと思っているので苦しくて仕方ないのだ。このしゃべり続ける自分の頭の中の何かから逃れて静かになりたいのだ。それはよく似ている。

悟りにとてもよく似ている。

エゴの静まった状態、欲望の吹き消された状態と呼ばれるニルヴァーナ、つまり涅《ね》槃《はん》だ。しかし、似てはいるが同じではない。それは真理ではない。それは悟りではない。すぐに化けの皮が剝がれる。そしてまた頭の中のおしゃべりの洪水の中でのたうちまわるのだ。エゴ（頭の中のおしゃべり）が静まって無意識になれるものを外側の世界に求める。求め続ける。しかし何かが違っていた。あなたはそれに気が付くだけの体験をしてきた。あなたが今まで精いっぱい生きたなら、それに疲れ果て、そして気付くだろう。またそうでない人も、目の前の死というものがあなたを勇気づけ成長させてくれるだろう。もしあなたが無意識であり続けるなら、またそうありたいと願うなら、それは自由だ。しかし、あなたは同じところをぐるぐる回るだけだ。

そしてあなたはたどりつかない。


無意識とは一体何か。

体験者という最も大切なものを忘れ、体験だけを求めるということ。

この主人公を忘れ、色とりどりの体験だけを追い求める人々は生きているとは言えない。なぜなら、大切なもの、肝心なものを置き去りにしているからだ。

それは夢だ、幻でしかない。

すべての中心、本当の原因、つまり「本当のあなた」つまり「すべてを見るもの」である。


今、あなたは良い時期にある。一切との別れが目の前にせまろうとしている。それをくい止めることは神にもできない。

なぜなら、神でさえ従わざるを得ない法というものがこの宇宙にはあるからだ（実はその法が神なのだが）。

生まれたものは必ず死に、手に入れたものは必ず去っていく。また、同じものは何一つなく、すべては移り変わっていく。

何度でも言おう。あなたは今、真理に直面する以外に、そして真理を知る以外に逃げ道はない。

この大切な時期にもう無意識であってはならない。

もう同じことを繰り返してはいけない。後戻りはできない。最後の勇気を出すのだ。

今まではずっと多くの体験を求めてきた。そして今、死を目の前にしてみれば出発点のままだったことに気付く。

あなたは多くのものをかき集めてきたが、どこにもたどりついていなかったし何者にもなってはいなかった。

そのことを死は教えてくれる。

今勇気を出して最後の探求を始めよう。時間はある。時間は充分ある。大丈夫。なぜなら、時間もまた人間の想念が作り出したものだから。

聖者には時などない。

ただただ「今」があるばかりだ。そして「今」はいつでもある。そして「今」だけがある。

過去も未来も人間の頭の中だけにしかない。

過去に会った人はいないし、未来を見た人もいない。過去は過ぎ去ったもの。〝あった〟けれど、もう決してないもの。未来とはまだ来ないもの。決してまだ来ていないもの。明日は明日になればまた明日だ。あなたの欲望が未来志向なのだ。

人に欲望があるとき、時間が現れる。欲望が人を過去へ、未来へ連れていく。霧の中へ、夢の中へ、闇の中へ。

あるのは今だけだ。だが、この今は永遠だ。

全宇宙とつながった、そして常に新鮮な、たった一つのリアリティーだ。だから心配せずに。時間はある。無限にある。そして真理において言うなら「時間はない」。

はじめからこの世に時間などない。

今だけがある。

時間があるとき、今はない。

今があるとき、時間は消える。


ちょっと見てみることだ。自分の頭の中を。

あなたが頭の中で考え判断していること、いわゆる思考というものは、必ず過去か未来にある。

あなたが「考えているすべてのこと」は過去か未来だ。

ちょっと自分をのぞいてみればそのことを知ることができるだろう。すべての頭の中のことは過去と未来のこと。

実は存在せぬものだけなのだ。

もし「今」に生きるならどんな思考も必要ない。

今に必要なものは〝考える〟ということではなく生きるということだ。〝今〟というのは直接体験されるべき何かであって、考えたり判断することではない。

そして、〝考える〟ということは「知らない」ということでもある。

知っているなら、どうして考える必要があるだろう。そして真理を知ることとは一瞬のことだ。

決して徐々にではない。なぜなら、知っているか知っていないかのどちらかだからだ。その「気付き」は一瞬のことだ。そしてあなたが「今」を生きる時、一切の時間を消せられる。

さあ出発だ。

この旅はもう決して外側をうろうろすることではない。この最後の旅はあなたが一度も旅をしたことのない、一度ものぞきこんだことのない、素晴らしい、手つかずの聖域――あなた――だ。

この――わたし――こそ、いままでの探究者が、聖者が、目覚めた人々が、最後にめざした、そしてたどりついた「何か」だ。

すべての人々は遅かれ早かれここをめざす。

他ではありえない。

“知る”ということ

もはやこの時期にきて「信ずること」は役に立たない。信ずるということは知らないということだから。

人は知らないことを恐れる。〝恐れる〟ということが死ということだ。その不安ということが苦のすべてなのだ。あなたは知らなければならない。それがどんなものであっても、それが唯一の手だてだ。

さて、それにはどうしたらよいものか、どうしたらいいのか。これからいよいよ大切なところへ入っていく。

「秘密の扇への準備」

まずその準備だ。力を抜くのだ、あなたの体から。しかし、なかなかむずかしいだろう。

それでは、足から始めよう。まず足から力を抜いていこう。

左足から始めよう。左足の指からだんだんと力を抜いていこう。力が抜けていくのを想像し、願い祈り許していくのだ。力が抜けていくのを許すのだ。左足の裏から、次にくるぶし、ふくらはぎ、ひざ、太ももから力が抜けていく。今度は右足だ。一つ一つ徐々に力が抜けていくのだ。

そして、腰から、お腹から、胸から、左手の指、手のひら、そして首、顔、頭から力を抜いていく。

体のすべてから力を抜いていく。ゆっくりと、なぜなら、とりあえず、我々の直面するものは自分のエゴなのだから。そのエゴ、つまり「私という意識」「私のもの」という意識から一切が生まれる。そしてエゴが消え去ったとき、あなたは本当のあなたを知る。

この宇宙全体と一つである、死も手をのばすことのできない「永遠の何か」である真のあなたを。

エゴのあるとき、くつろぎはない。エゴはいつも過去へ未来へ我々をひきずりまわし、緊張させ努力させ続ける。エゴの強いとき、決して我々はリラックスできない。リラックスとはとても深い現象だ。

リラックスとは、この存在というものの真のあり方なのだ。ありのままですべてがオーケーのとき、エゴの出番はない。ただただ、ありのままを楽しむ。

何か他のものになろうとする必要のない人は、真の自由を知る。だから、まず体から力を抜いていくのだ。しばらくの間、エゴから肉体を解放してあげるのだ。自然のままに、ありのままに、まるで風呂に入っているときのようにすっかりくつろぐのだ。

エゴの声に耳を貸さずにエゴの外に出てみるのだ。そして覚えておくことだ。一切の緊張はエゴからくるということを。

そしてあらゆるものは、エゴをその源としていることを。

恐怖、憎しみ、不安、嫉妬、いらいら、一切の苦しみは緊張をもたらす。その緊張が一層苦しみをこんがらがらせて増していく。そのすべてがエゴからの指令なのだ。もしあなたが力を抜き、リラックスし、心が落ち着いているなら、これら一切の苦しみから離れているということになるわけだ。

実はそれら一切が「あなた次第」で、あなたが一切の決定権を持っているのだが、多くの人々はそれに気付かずひきずりまわされ混乱し続けている。

あなたがひとたび「緊張することをやーめたー」と決意さえすれば、それらは消えていく。それらはあなたの許可なしにとどまることはできない。いや、はじめから現れることさえできない。あなたが自分で作り出したものだからだ。

あなたはすべてを自由に決定できる。

あなたが自分の肉体から力を抜けば抜くほど、自分が肉体であるという感覚もまた薄れていく。

力が抜けリラックスした時、あなたは自分は肉体ではないと感ずる。あなたは自分の肉体から解放され自由になる。

その時自分は本当は誰であるのか、次元の違う体験をするのだ。


次は呼吸だ。そっと自分の呼吸を見つめるのだ。それだけでいい。自分の呼吸には一切ふれずにそっとそれを見つめるのだ。ゆっくりとゆっくりと、ただ、ただ見つめるだけでいい。

自然にそれは静まっていくだろう。

自分の呼吸から力が抜けるまで、静かに見守りながら待つ。そう、待つのだ。

ただ待つ。それがコツだ。

次は心だ。

心から力を抜いていく。どんどん心から力を抜いていく。

からっぽになるまで。心が静まるのを待つ。

一人で静まるのを待つ。


そっと自分を見つめて緊張があるところが発見されたなら、そこに自分の意識の光をあてて力を抜き、緊張がとれるのを待つのだ。

しばらく時間をあげよう。

実際にやってみることだ。正座で座って、背中をピンとのばし、あとは力を抜く。

あぐらはだめだ。股関節がゆがみ、背骨が曲がるからだ。

はじめのうち、目は軽く閉じたほうがよいだろう。それが無理なら椅子に座ってもかまわない。寝てやってもかまわない。どうしても緊張がとれないときは、何回か息を深く吐くとよい。そして待つのだ。

しかし、あなたが死の恐怖、そしてどんなものでも恐怖というものにとりつかれているときは、探求どころではない。

人は何か恐怖があるとき、くつろぐことはできない。恐怖と欲望が緊張を作り出すからだ。

先に悟り状態から始めよう。それより他に道はない。

あなたが恐れようと恐れまいとに関わらず、死はもうすぐやってくる。だからまず、リラックスするのだ。それが真理の探求の準備であり、最後にたどりつくところでもあるのだ。

とにかく体をくつろがせ、呼吸を楽にして心を休めるのだ。

タマネギのように次々と皮を剥いでいけば最後には何もない。

その「何もないこと」と「だれでもないこと」こそ、あなたなのだ。

“見る”ということ

〝今までは幸福な体験を求めてきた。多くのものを手に入れよう、おいしいものを食べよう、恋がしたい、名声と地位がほしい、と〟

それに飽きると今度は神だ。神秘的な体験だ。つまり今の自分じゃない、もっと何か素晴らしいものに、何か違うものになろうとしてきた。宗教的にみえる儀式をもっともらしく行い、祈りを捧げ、時には神を見たとか神の声を聞いたと言い、知らず知らず道が外れ、また自分のエゴを強めてしまっている。

これは少し高度だが、覚えておくといい。地位や金を求めることと神を求めることは本質においては同じだ。その原因は「欲望」、つまりそれを欲しがることによるのだから。

これからは、あなたの内側に見つけたものだけが真の助けとなろう。あなたの外側にある一切のものはもはや物であろうが、神であろうが、同じこと。あなたの外側にある一切のものはもはや役に立たない。

今やあなたは、道草を食うといった、まわり道をしているときではない。まっしぐらに真理へと向かっていくのだ。

それらの一切の原因、つまりそれらを求めているものは一体何ものなのかということだ。

「どうしたら幸せになれるか、楽になるか」ではなく、「それを求めているものは一体何ものか」という中心的命題なのだ。

では〝あなた〟とは一体誰なのだろう。

これこそ成熟した人の発する根源的問いだ。それは〝外側にはありえないその体験する者〟を知ることが最終目標であるからだ。それが真理、つまりはじめからあっていつまでもあるものだ。

本当のあなたをあなたが知ったらどうなるか、今から楽しみだ。

全く静かな人、笑い出す人、泣き出す人、いろいろだろう。それは真にわくわくする体験となるだろう。

そしてあなたが本当のあなたを知った時、一切を知る。

今に分かる。〝本当にあなたこそ神なのだ〟ということが。それ以外、あなたがたどりつくところはないのである。

さて、いよいよ核心に入っていこう。

人がもし何かを見つけ出そうとするとき、どうするだろうか。「よく見よう」とするに違いない。ここ、あそこ、そして全体を見渡す。耳を澄ませ全意識を注ぎ込み、注意深く探すだろう。それが大切なものであればあるほど。

もし一人っ子を見失ったらあなたは命をかけて探し出そうとするだろう。あなた自身の発見以上に大切なものは何もない。

あなたは全力で本当のあなたを見つけ出すべきだ。それは決して遠くにあるわけではない。

よく「見る」ことだ。自分って何だろう。

自分をよくながめてみよう。見やすいもの、よく見えるもの、近いもの、やさしいものから始めよう。

それがすべてのプラクティスの共通点だから。

まずは肉体だ。

いつものようにざっと見るのではなく、よく注意して見てみよう。もうすぐこの体ともお別れなのだし、そして長い間あなたのために働いてくれたのだから。感謝の念を持ってこの体をながめてみよう。

今までやぶれたりこわれたりもした。他人と比べて文句も言ったりしてきた。しかしそれもこれも、もうすぐお別れだ。

よく見よう。さわってもいい。やさしく。


左足の指一本一本、その表と裏、そのしわ、小さなうぶ毛、その間、足の裏、くるぶし、ふくらはぎ、そしてすねやすね毛、ヒザ、太ももの前と後ろと横とそして右足、そして左手。


ゆっくり、ゆっくり、注意深く自分の体を見てみよう。

見える限り見るのだ。

あらん限りの注意深さで見るのだ。

これはとても大切なプラクティスだ。そしてとても役に立つ。そして時々あることに気付く。

「それを見守る何者かを」

気のすむまで見続けるのだ。あなたの意識が続く限り。


次は自分の頭の中だ。

そう、知識や判断、思考や言葉といわれるものだ。

これらは少し見えにくい。肉体と比べると少し見えにくい。

しかしやるのだ。自分の頭の中を見るのだ。自分の考え、自分の知識、自分の判断、すべてを見てみるのだ。

見守り続けるのだ。自分の頭の中に現れては消えていくものを見続けるのだ。そのすべてを。

ちょっと見てみてあきらめてはいけない。なぜならあなたが一度も見たことがない所なのだから。しかし、死が迫りつつあることであなたは、勇気を持つことができる。ありがたいことだ。

体から力を抜いて見守るのだ。

最初はすぐに忘れてしまう。「見ていること」について何か考え事をしてしまうのだ。またはぼんやりしてしまう。

しかし、それはそれでよい。すべての修行者が通るところだ。ブッタでさえ最初はそうであっただろう。

気が付いたらまた見始めるのだ。あなたの思考を。現れては消え、消えては現れ、長くとどまったり、すぐ消えたり、強かったり、かすかだったり。あれやこれやといったものを少しずつ、少しずつはっきりと見えるようになってくる。

そして、さらに見守り続けるのだ。

するとある時あることに気付く。

「その思考を見守るもの」を。

ここで注意すべきことがある。考えることと見ることとは、正反対のことだということ。

考えるのではなく、その考えていることを見るのだ。どんな判断もなしに。もし判断、言葉が現れたなら、それは考えているのであって、見ているのではない。このことは充分注意する必要がある。

次は感情だ。

今まであなたは自分の感情と一緒になっていた。そのために、思考を見守るより少し難しいかもしれない。

しかし、あなたは少し練習を積んできた。

あなたは注意深く自分の肉体を見てきた。

そのことはあなたの思考を見守るのを助けてくれたことだろう。そしてあなたは成長を始めた。

真の成長を始めたのだ。あなたは真理に近づき始めたのだ。

思考を見る力が、今度は自分の感情を見ることを助けてくれるだろう。

そこには「怒り」がある。「喜び」がある。そして「悲しみ」「ただ何となく憂鬱」もあるし、「何となく嬉しい」もある。また「何もない」時もある。程度も種類もさまざまだ。

それを見るのだ。勇気を出して、そして力を抜いて、ただただ見守り続けるのだ。

できるだけ注意深く。

「小さな怒り」は見つけやすいかもしれない。あなたが自己の感情を見ることに慣れてくると、もっとはっきり見ることができるようになってくる。

怒りがどこから来て、どこかへ消えていく。その全体を見る。決してその「怒り」に触れてはならない。

その「怒り」を抑えつけようとか小さくしようとかしてはいけない。

ただ、そのちょっと外側から見守り続けるのだ。

「怒り」はひとりでに消えていく。

すべてはやってきて、しばらくとどまり、そして必ず去っていく。

そしてあなたは残る。

そのすべてを見守り続けているあなたは残る。そして初めてその見守るものを知った時、感じられた時、あなたはとても自由になっていることに気が付くだろう。それは偉大なる発見だ。初めてあなたがそれに気付いた時、ニヤリとする。ハッとする。ワクワクする。

続けよう。

感情を見つめる時、怒りや不幸は見つめやすい。しかし、幸せや喜びは見つめにくい。なぜなら、それらの幸福と一緒になろうとするからだ。だが、それらと一緒になってしまっては見ることはできなくなってしまう。

不幸な感情は見つめ、幸福は見つめず、一緒になってはだめだ。それでは元のもくあみだ。また同じことが延々と続いてしまう。

幸と不幸、喜びと悲しみは振り子のようなもの。必ず反対に揺れるのだ。作用があれば反作用があるように。コインの裏と表があるように。それらは同じ素材で出来上がっている二つの顔だ。

幸は不幸なしには存在できないし、喜びは悲しみなしにはありえないのだ。それらを二つとも超えていかなければならない。そんなところでうろうろしていてはいけないのだ。

我々は最後の探求をしようとしているのだ。

我々は真の自己を知ることに全力をあげるのだ。そしてそれは幸せになることでも、喜びを求めることでもなく、すべてを超えていくことだ。

自己の感情を見続けることができるようになると、多くのことを知るようになる。そして内側に何か〝静けさ〟というようなものを感じるようになる。そして徐々に〝落ち着き〟といわれるようなものも現れて、何かに満たされているような充実感を味わうようになってくる。

あなたが意識的になったとたん、あなたが「見る」という神秘のカギを回したとたん、一切は静まりかえる。

そして、あなたが今まで従ってきた価値観を超えることができるようになる。なぜ今までの価値観を超えなきゃならないのかいって？

なぜなら、それではどうにもならなかったからだ。あなたは目の前の死をこんなにも恐れ、解決できないでいるではないか。まして「生」の何たるかなど知るはずもない。

あなたは今まで本当に生きたことがなかった。にもかかわらず、死はやって来ようとしている。それはやりきれないのだ。

しかし、あなたはラッキーだ。

最後の最後ですべてを知ろうとしている。

見るのだ。見守り続けるのだ、あなたを。そしてとどまってはならない。あなたの成長は続く。

成長に始めはあるが終わりはない。

悟りに始めはあるが終わりはない。

さあ、共に進もう。

幸福は見つめにくい。なぜならそれと一緒にいたいという欲求があなたを無意識にしてしまうからだ。

しかし、その二つとも見続けるのだ。

その二つともちょっと外側から見続けるのだ。

そのうちにあなたは気付く。気付き始める。それらの一切を。「見守るもの」を。

それこそ我々が探求する何かだ。それにちょっとでも気付いたのならお祝いしよう。

どんちゃん騒ぎくらいしてもいい。あなたに人生で最初の奇跡が起こったのだから。

これを本当の奇跡というのだ。何も空に浮かんだり、水の上を歩いたり、呼吸を長い間止めていることが奇跡ではない。そんなことはたいしたことではない。鳥は奇跡を行い続けていることになるし、アメンボは水の上を歩く神だし、魚は長い間呼吸せずにいることができるのだから。

それらは同じ次元のことだ。たいしたことではない。もしあなたが空を飛べたとしても、あなたの虚《むな》しさ、あなたのみじめさ、あなたの恐怖は少しも減りはしない。なぜなら、あなたの不幸は、あなたの不安は、飛べないからじゃない。あなたがあなたを見失っているからに他ならない。

すべての聖者は言う。あなたは神であり、至福であり、永遠であり、静寂であり、空であり、無であるのだと。

あなたがそこにたどりつくまで決して至福はありえない。

お金があり、仕事があり、健康と愛する家族があったとしても充分ではない。一切は手に入れた瞬間から色あせてくる。いったん手に入れたものにあなたは徐々に興味を示さなくなる。しかし、あなたはさらにそれらにしがみつこうとする。そしてあきあきしてくる。死に始める。生きなくなる。

あなたは永遠の至福で出来上がっているので、あなたは真の愛というものからやって来ているので、それ以外では決して満足することはできない。そしてそれ以外の状態でいることはできない。

真のあなたにたどりつくまで、あなたは静かになれない。

しかし、あなたはすでに近くにいる。真理のとても近くにいるのだ。

幸福と不安の両方を見守り続けるのだ。

それらを見守るものを知るのだ。

だんだんと分かってくる。

そして人はゆっくりゆっくり成長していく。

あせらずに。大丈夫。

何度無意識になってしまったとしても自分を責めずに、また見始めるのだ。

その「見る」ということが光だ。それが救いだ。欲望が起こる。すると、考え始める。計画をねる。すると、時間というものが現れてくる。そして行動を起こす。うまくいくと、もっともっと欲しくなる。それら一切の流れを見守るのだ。
欲望があるとき計画がある。すると時間が必要になってくる。
必要性に応じて時間というものが生まれる。
必要がなければ時間は現れない。
あなたが作り出したものだ。あなた次第だ。

欲望と時間は兄弟。欲望を構成するものにはどうしても時間が必要だ。今ある自分じゃないものになろうとするとき、時間は現れてくる。
それが幸福の道であるかのように我々は生きてきた。しかし歴史上、この欲望達成ゲームの果てに勝利者は誰ひとりいなかった。逆にこの欲望達成ゲームを降りたもの、欲望そのものを落としたものたちが至福の世界にあった。そして聖者とも、至福の者とも、目覚めた者とも呼ばれるのだ。

だから「見る」のだ。

〜と考えている。〜と思っている。〜と感じている。〜と考えていると考えている。

…………それらのすべての外側からそっと見守り続けるのだ。

ただただ、ながめているのだ。どんな判断もなしに、どんな言葉も現れない次元から見守り続けることだ。

もし言葉・思考・判断が現れたなら、またそのちょっと後ろへ下がってその全体を見守るのだ。

そのとき少し注意することがある。

それは悪い考えだけでなく良い考えからも離れることだ。すべての思考から離れることである。たとえそれがどんなに正しくて美しくて聖なるものに見えても。

聖人の教えであろうが、神の声であろうが、一切の言葉や一切の思考から少し離れてそれを見守り続けるのだ。

神の声までそんなことしていいのか？　大丈夫、あなたが神なのだから。あなた自身が、あなた自身の内側に神を思い出さない限り、あなたはどこにもたどりつかない。

見守り続けると、主に二つの状態が起こる。

一つは集中。一つはぼんやり。集中とは巻きもまれてしまうこと。あまり近づきすぎていっしょくたになってしまうことだ。これじゃ何も見えない。見るためには少し「距離」が必要だ。新聞も目をくっつけてしまうと見ることはできない。

何かを見るのに必要なもの。それは「見るもの」と「見られるもの」と「適度の距離」だ。

これを覚えておくことだ。

ぼんやりとは無意識ということ。見るという点に関して言えば「離れ過ぎる」ということだ。そうすればやはり見えなくなってしまう。

この二つの状態は古来座禅における最も注意すべきものとしたものだ。だが、人はほとんどこのどちらかの状態にある。そしてあなたもこれまでこのどちらかの状態にしかいなかった。

人はどうしてこうもいつも真理とかけ離れているのだろう。集中かぼんやり、決して意識的ではいない過去か未来。決して今ここにはいない。

だがあなたは今、全く違う次元の何かを学ぼうとしている。決して自分を責めてはいけない。気が付いたなら再び見守り続けるのだ。その流れを見ることができるようになると、多くのことを理解するようになる。つまり思考とは、何か違う一つ一つの考えが現れては消える一つの過程でしかないと気付く。

これもまた、偉大な発見だ。

これはとても面白い。テーマのない映画を見ているようだ。

一つ一つは何ら関係ない思考が現れては消え、現れては消える。我々はこの思考の流れの全体やその傾向を「私」とか「エゴ」ととらえているのだ。それは決して固定した何か、実体のある何かなんかではないのだ。それが寄り集まっていると何か実体のあるもののように思い込んでいただけなのだ。

「私」とは多くの思考の束でしかない。そしてそれは常に変化し動き続けている。細胞が多く集まって肉体を形作っているように、一つ一つの思考の集まり、その残像が「私」と見せかけているのだ。それは影だ。何の実体もない。ブッダ（仏陀）はそれを無我と呼んだ。またある人は次のように言った。

「私」とは「いろんな体験から感ずるある傾向を持った感情の反応の総称である」と。そしてその思考の一つ一つ、その感情の一つ一つを見ることができれば、あなたはそれらを超えることができる。そしてそれこそが成長と呼ばれるものだ。

だからもっとよく見るのだ。どこから始まり、どれくらい留まり、いつ消えていくのかを。思考の一つ一つ、感情の一つ一つを、もっともっと注意深く、もっともっと意識的に見守り続けるのだ。

振り返ればあなたはずいぶん高い所まで登ってきたものだ。実に成長してきたものだ。ここまで来ればもうそれほど大きく道をそれることはないだろう。ここまでがちと大変だった。だがここまで「自己」という山を登ってきたあなたは、見ること、見渡すことが、だいぶできるようになってきたはずだ。

一方で、そうじゃないあなた、なかなか自己の内側を見ることができないでいるあなた、焦らずにゆっくりやることだ。あなた自身の登り方で、あなただけのスピードで。どの道、他の道はないのだから。他に行くところもやることもないのだから。自分を責めずにゆっくりゆっくりと。そして、いつも全体を見渡すように。部分だけ片方だけじゃなく、全体を全体を意識していくのだ。

善と悪、喜びと悲しみ、元気と憂鬱、幸と不幸、良い考えと悪い思い、集中とぼんやり……。

それらの両方を見守り続けることだ。

それらの全体を意識し続けることだ。

そうすれば、それらの一切を超えることができる。あなたは新たな次元へとはばたくことができる。そしてあなたはもうあの無意識の世界には戻れない、
今まさに死を迎えようとしているのだ。

一切の欺瞞《ぎまん》を剥ぎ取られようとしている。

今までの人生、それが本当は一体何なのかも分からず、単に今の欲望を満たそうとし続けるばかげたハツカネズミにはもう戻れない。

そう、あなたはカゴの中のハツカネズミだった。たくさん輪を回したこともあるだろう。早く早くそのカゴの中の輪を回したこともあっただろう。でもどうだ、一歩も進んではいなかった。

今あなたはそのバカげた一切を見渡すことができる高みに至った。だが、それはそれでよい。あなたが成長するために、あなたが気付くために必要な体験だった。しかし、もう同じオモチャでは遊べない。あなたは新たな次元へとジャンプしようとしている。残された人生を、あなたが残されたすべてのエネルギーを、あなたが一番おろそかにし、無視し続けた「自己」に注ぎ込むのだ。なぜなら、あなたには外側の世界では結局役に立たなかったことを知るだけの成熟さと知性があり、そうじゃない人はこの本を手にしないのだから。

あなたの今のみじめさ、今の恐怖が何よりの証拠だ。それ以上どんな証拠が必要だというのだ。そしてその真の自己の探求こそすべてなのだということはあなたと私だけの秘密だ。他の人に話している時間はないしその必要もない。そしてそれはできない。あなたを心配し愛している人もまた、外側の世界をうろうろしているだけだから。

人はこのレベルにたどり着くまで、これらのことを理解できない。

人は皆一人で一人だけの体験を通して、一人で成長していくものだ。心配しなくても、すべての人は遅かれ早かれここに来る。ここにたどり着く。他の道はない。なぜならすべての人はここから来ているからだ。

あなたは本当のあなたから来ている。

あなたは真理から来ている。

一切はわが家へ帰っていくものだ。川で生まれた鮭が、海を旅し、最後はふるさとの川に戻っていくように。

「自己」として生まれ、「他」を旅し、最後はまた「自己」に戻っていくのだ。

そして最後にはその全体の中へ消え去っていく。すべての川が海を目指すように。

すべての個は全体に中に解け去る。それは一切のものの根源的な旅だ。

だからあなたもそこへたどり着くまでは決して休めないし楽にもなれない。

人は求める。人は求め続け叫び続ける。真の自己を発見するまで。それを自己の内側に発見するまで、あなたのすべての意識を内へ向けなさい。もっと、もっともっと。

少しおさらいをしよう。

まず「知る」ということを理解し、次に「見る」という秘密のカギを理解する。また、見ることを通して知るということが起こる。それは全く外側の探求なんかではなく、「私とは一体何か」ということだ。

　まず自分の肉体を注意深く見つめてみる。次に、それを見つめている意識の存在を発見する。今度はその意識で自己の思考の束を、流れを、見守り続ける。そして、感情のその始めから終わりまですべての感情、すべての思考を、そっと、同時にちょっと外側から見守り続けるのだ。

　徐々に、思考と感情の一切を静かに見守る何かを発見するに至る。そして、その意識を保ち続けるのだ。

　その意識を外へ漏らしてはいけない。

　その意識を途絶えさせてはいけない。

　もしあなたがそのような意識の存在を発見し、さらに保ち続けることができたなら、あなたは一切を知ったことになる。

　だから食べるときも、痛いときも、楽なときも、幸せなときも、悲しいときも、ずっとずっとそれら一切を見守り続けるのだ。あなたの意識という光で、すべてから少し距離をおいて。よく見えるように力を抜いて、全体を見守り続けるのだ。

やがてあなたはだんだん軽くなる。だんだん楽になりだんだん自由になる。あなたがすべてから解き放たれようとしているのだ。あなたを縛りつけ、ひきずり回し続けたものから解放される時が近づくのだ。

あなたは真の自由を味わうだろう。真の自由とは「あなたからの自由」だ。そして、ここまでくれば、死はかなり遠のいている。死の恐怖はもう力を失いかけている。あなたが自己を見つめれば見つめるほど、そして自己を知れば知るほど死は小さく小さくなっていく。

その結果、真の自己にたどり着いたとき、死はもうどこを探してもない。そんなものははじめからなかったのだから。すべてはあなたが創り出したものだ。

おお、何という真理。何という自由。

リラックス

人は力を抜くことができない。人はリラックスできない。人生はありとあらゆる緊張の連続だ。社会はストレスの連鎖。人は解放を求める。人は静かになりたい。人は娯楽を、快楽を、リラックスを、眠りを求める。そして、できる限り無意識になろうとしている。

一切の娯楽というものは、人をいかに無意識にさせるかにかかっている。少しでも緊張を忘れたいのだ。

人は意識がある限り努力しなければいけないし、自分を維持しなければいけないし、自分をより良くしなければいけないし、より良く見せなければいけない。

他の人に精いっぱい気を遣い、うまく社会でやっていかなければいけないし、また同時に他人との競争には勝ち続けなければいけない。

大変なストレスだ。

人は意識のある限り、休むことはできない。

いつも何とかしなければ、と思っている。

そして人はジェットコースターに乗る。

人は恋に溺れる。

人はスポーツをやり、酒を飲み、テレビのスイッチを入れ、チャンネルを回し続ける。そしてそれでも足りずにビデオを見る。こりゃ最悪だ。そしてスマホ、インターネット。

「楽しみ」といわれるものはすべてこのようだ。つまり夢中に無意識になれるもの。自分から、エゴから遠ざかること、しゃべり続けるエゴの声の届かぬ所へ逃げていくことだ。

いつも計算し判断し考え続けるエゴの虚しさからの解放を求めている。

人がもしエゴだけで生きたら、思考と判断だけで生きたなら、気が狂ってしまうだろう。

それは生ではない。思考や判断は美しさというものを知らない。エゴは全く愛を知らない。だが人はそれなくしては生きられない。

現代はあまりにもマインドを強めてしまった。

だからこんなにも生が死んでしまったのだ。

だからこんなにも生が薄っぺらで殺伐としたものになってしまったのだ。

人は何を手に入れても人生に何の意味も見いだせない。そして人はさらに無意識に生きる。

何もかも忘れたいのだ。そのための娯楽、つまり夢中になり我を忘れるものは、「悟り」とは全く正反対のものだ。

だが、よく似ている。

つまり人は、自分がいなくなった時、平和を知る。自分がいなくなればいなくなるほどその静けさは増し、平和は訪れる。

「自分」という意識があなたにある限り、戦いは続く。

一切は戦いだ。

人は酒を飲む。「自分のもの」という意識から逃れたいのだ。人は静かになりたいのだ。

眠りは心地よい。夢中は気持ちがいいのだ。

だが、それは真理とは正反対の無意識からくるということが決定的に違う。

それは似ている。至福に似ている。

しかし、それは本物ではない。本物でないものは、いつか化けの皮が剥がされる。

すぐにそれは消える。それは続かない。

そして人は自分が夢中になれたものをよく覚えている。

それらをもう一度手に入れようとする。
そしてもっとたくさん欲しくなる。それを中毒という。
世の中にはたくさんの中毒がある。
それを悪循環という。
それを輪廻という。
それはすでに終わったもの、死んだものを大事そうに抱えて生きることだ。
それは生ではない。
生とは今だ。それもたった一回きりのものだ。
あなたは生を本当に探求したことがなかった。そして今のあなたがある。
あなたはことの全体を知ろうとしている。

〔ちょっとした考察〕

それでは、この夢の中で、眠りの中で、無意識の中で、一体何者がそれら一切を体験しているのだろうか。

エゴが静まったとき、一体何者がそれを知るのだろう。そこにあなたは気付く。もしあなたが生を強烈に真剣に生きてきたなら理解できるだろう。このような繰返しではどうしようもないことを。その夢中さ、無意識さが覚めた時、みじめさや問題は依然としてそこにある。

それは前にもまして強力に見える。

なぜならそれは解決ではないからだ。

本当の原因、それはエゴ、自我意識、つまり「私」という意識だ。

もしあなたがすべてを手放し全くリラックスするなら、それは悟りだ。つまり本当のあなたにたどり着いたということだ。

ブッダはそれを無我と呼んだ。

そう、「何もない」ということだ。すべては多くのものが寄り集まっているだけで、何の実体もないということだ。

そして、このエゴがすべての欲望の源だ。

エゴがあるとき、欲望がある。欲望があるとき、時間が立ち現れ、計画があり、ゴールがあり、行動がある。時間があるとき、不安があり、希望がある。成功したい、ゴールを目指したいというとき緊張がある。なぜなら、成功するためには今のままの自分ではだめだからだ。

もっと頑張らなくてはならない。

この一連の原因と結果の連鎖を、ブッダは縁起と呼んだ。

「これがあるとき彼があり、彼がないときこれもない」と言われるものだ。

あなたは真の原因を知った。

正しい原因を知ること、それ自体で闇を吹き飛ばすに充分な力がある。

この自我から一切が現れる。

そして自我は、我々に欲望という色メガネをかけさせ、このリアリティーを、実相を、真実を見えなくさせてしまう。

我々は花の本当の美しさを知らない。

我々は風を感じたことがない。

山々の静けさを、鳥の歌声を聞いたことがない。欲望という、思考という色メガネのせいで、何一つはじめからあるこの宇宙の美しさを知ることが、見ることができない。

欲望のないとき、すべては静まりかえっている。
欲望のないとき、すべては大きな調和の中にある。
欲望のないとき、神だけがある。

自我のあるとき、人は愛を知らず。
自我のあるとき、人は至福を知らず。
自我のあるとき、人は真理を知らない。

自我のあるとき、すべての愛に見えるものは実は取引であり計算であるにすぎない。
自我のないとき、愛だけがある。
自我のないとき、あなたは初めてリラックスできる。

そしてすべてはありのままだ。

老子はそれを無為自然と呼んだ。


だから、もしあなたが全くリラックスしていたらそれは悟りだ。

この全体を信頼しエゴが抜け落ちたとき、もうエゴに頼らなくてもよいと理解したとき、あなたはリラックスできる。

そのときあなたはもう独りぼっちではない。この全宇宙とつながっている。あなたは全く任せている。信頼している。赤ちゃんが母の胸で眠っている時のように。赤ちゃんはいつも自然だ。いつ泣いてもいいし、いつおっぱいをねだってもよい。赤ちゃんはいつもリラックスしている。赤ちゃんはありのままを生きる。あなたは、自由に欲望のないときの静けさ（涅槃）を一度でも味わったことがあるだろうか。

実は時間も欲望の産物だ。

欲望のあるとき、未来がたちまち現れる。もし時間がなかったらどうだ。過去も未来もなかったらどうなる。

あなたは何もできない。手も足も出ない。あなたの出番はなくあきらめるしかない。そのとき起こる現象、それがリラックスだ。もうどんな緊張もない。ただ、今ここにあるだけだ。あなたはせいぜい呼吸しているくらいだ。だが、呼吸だけやっているわけではない。

あなたはそのとき、つまり時間が消え失せたとき、リラックスする。あなたはあなたである。それ以上でもそれ以下でもなく、この存在が与えた今のあなたのままで一〇〇%だ。それを至福という。

そのときそれでもあるもの、その一切を見守るもの、その言葉を持たぬ純粋な意識、それを悟りとか神と呼ぶのだ。それは形があるものではない。だが形がないわけでもない。

リラックス、それはとても深い現象だ。それは行為によってもたらすことはできない。実際我々はリラックスすることはできない。それは何もする必要のないときにひとりでに起こる何かだ。何とかして自分をリラックスさせようとするとき、決してリラックスは訪れることはない。

「する」ことの一切はエゴの延長上だ。リラックスとは「あり方」であり、一切の行動欲を離れた状態であるので、それを強制したり作り出すことはできない。

エゴはとても巧妙であるので、そのふりをすることはできる。そう思い込むことはできる。だが真のリラックスとは何か異なる次元のものだ。それは全くの信頼、明け渡し、全面降伏の副産物なのだ。そのことを理解しながら、とにかくリラックスしてみよう。なぜなら他に方法がないからだ。

しかし、覚えておくべきことがある。それは、真のリラックスとは作り出されるものではなく、「訪れる」ものだということ。そのコツは「静かにして待つ」ということだが、訪れるものだからといって、決して外からくるものではない。あなたの中に一切が隠されている。

そのリラックス、その静けさ、そして一切の真理は、実はあなたの本性なのだ。それは見ることによって、「見守り続ける」ということによって訪れるのだ。ただただ見守り続けるのだ。一切を受け入れ許し、もっと自分を愛する。深く深く。

そうすれば見ることが可能になっていく。

すべてから少し離れていることができるようになる。

そしてあなたは知るようになる。そのすべてを見守っている何かを。

それは何か意識体とでも呼べるもの。どんな言葉も持たない純粋な意識。

死の恐怖から逃れる唯一の手立ては真理を知ること、本当のあなたに気付くことだ。

それ以外ではありえない。

あなたがそのすべてを見守る意識体に気が付いた時、すべてが始まり、すべてが知られるのだ。

今までは肉体としての自分しか知らなかった。あなたはせいぜいあなたの思考と感情が自分のすべてだと思っていた。今や全く違う次元の何かを知ったあなた。奇跡が起こったのだ。

死はもう力を失いかけている。死はもう遠くだ。そして深く内に入っていけばいくほど、多くのことを本当に理解するようになる。

人は自己の内側に入った分だけ、外のこと、外の世界のこと、他の人々のことも理解するようになる。

人はそれまではまるで何も分からないままだ。何が愛で、何が悲しみで、何が許しで、何が欲望でエゴなのか。

人は自分で体験しないことは理解できない。人が理解するのはそれが自己の体験となったときだけだ。知識と知恵の違い。それは体験を通したものであるかどうかだ。あなたが今、思考、判断しているすべては、あなたが生まれてから自分が体験した範囲の内だけだ。それ以外は何一つ想像すらできない。なぜなら何の判断材料も、比べるべき何かも持ってはいないからだ。想像ですら体験の範囲内だ。それ以外は想像もできない。

例えば、宇宙の外側について何か考えてみるがいい。そして死後のことについても。思考には限界がある。あなたが唯一頼りにしてきたあなたの思考・判断、それはたいしたものじゃない。

一度、思考の外に出てみることだ。それは、とても広大で自由で光に満ちている。さらに、それは可能だ。なぜならあなたは思考ではないからだ。

あなたが深く自己に入っていき、そこに見たもの。例えば、したり、言ったりしてはいけないことをついやってしまう自分を発見する。それを何回と繰り返す自分。それを許し、認め、見守り続けるなら、その体験が人を許し受け入れられることにつながっていくのだ。

あなたを知った分だけ他の人のことも知る。あなたが自分に為したことを為した分だけ、他の人にもまた為すのだ。

あなたが内側に入り、自己を見つめ、それを許したなら、あなたは愛を知る。

逆にもしあなたが自分を許さなかったら、このダメな自分をもっともっと急《せ》き立て、許さず叱り続けていたらどうだろう。あなたは他の人にもまた、同じようにするだろう。

それは同じ波動、同じ行為なのだ。自分を許し愛せないなら、あなたは誰も愛せないのだ。今、ここにあるものを無視し、もっともっと努力し、改善し、戦い続けてきた。今ここにあるものは、すべてそれがどんなものであっても、この全存在が用意し与え育んでくれたものだ。

深い知恵と愛によって……。

すべてには個性がある。一切のものは個性を楽しむ。だがそれは、一なるものからなっている。真理とは、多次元にわたる複雑な、それも常に変化してやまない何かだ。人間の思考にとらえられるものではない。体験することはできるが、それによって考えることはできない。大いなる意志と計画。それに対してあなたはたった一人で立ち向かおうとしたのだ。この存在とあなたのそのちっぽけなエゴは戦いを挑んできたのだ。

その結果はあまりにも明らかだ。

あなたの知恵はあまりにも小さい。

あなたの努力、あなたの経験、思考、判断はあまりにもちっぽけ過ぎる。

あなたもまた、この全体からの贈り物なのだ。まるで波が海と戦っているようなものだ。ミミズが大地と、一つの星が全宇宙と自分だけの快楽を求めて戦っているようなものだ。

それらは皆一つだというのに。

その全体性に気付くこと。自己がその全体の中に消え去ること。それを至福という。

波と海は別なものじゃない。ミミズと大地は、星と宇宙は、そしてあなたと全体は別なものじゃないんだ。

あなたはどこへも行かない。

それはあなたとあなたの肉体についてもいえる。それは別なものではない。だが同じものでもない。それが自由だ。それが静けさだ。それが神秘だ。

あなたは生まれ、自我が芽生え、そしてもう充分戦った。努力した。そしてどうにもならなかった。ただの一歩も進んでいなかった。

ここらで気付くべきだ。

ここらでもうあきらめることだ。あなたが何かをしようとすることを。

少し休もう。それはあなたの仕事ではなかった。偉大な何かがそれを担当している。

もっとこの全体を信頼してはどうか。

あなたは今、ここでくつろいでいればいい。何もせず、どこへも行かず、呼吸ですら呼吸に任せ、ただくつろぐ。

その中で何かが起こる。

待つことだ。待つしかない。あなたはそれには手出しできない。

そしていつしか待つことすら忘れ、ただ全面的にくつろぐときが来る。

そのとき、そのときに……思えば生まれて今まで多くのことがあった。だがすべてはちゃんとしていてくれた。

苦労もあった。苦痛もあった。しかし、それらは必要なことだった。あなたを成長させるために。気付かせるために。

やがて、それらの一切がそのままエクスタシーだと知るに至るだろう。

ここらでそろそろこの全存在を信頼してみよう。この全体は限りなくあなたを愛している。あなたもまた、この宇宙と同じもので出来上がっているのだ。

あなたは完全で完璧だ。不完全であり続けるという真理の偉大なる表現だ。完全なものは死んでいる。完全なものは成長せず愛も知らない。

人は不完全であり続けるという至福を表現している。あなたのその不完全さがその美しさだ。

だから力を抜いてリラックスするのだ。どんな先入観もなしに、このリアリティーを見てみようではないか。あなたがあなたを知れば、すべては知られる。

すべては生まれ、しばらくとどまり、消え去る。あなたもまた、生まれ、生き、死に至る。一切の形あるものは、一切の作られたものは、必ず消え去る。一切の手に入れたものは失われる。

見守り続けるのだ、その全体を。

今すぐ、今ここで力を抜き、内側へ入っていくのだ。あなたにはそれができる。それ以外の道は残されてはいない。あなたはもう外側には充分探し求めた。それを知るだけの成熟さはあるのだから。そのレベルの人だけがこれを手にするのだから。

さあ、一緒にいこう。一緒に内側へ入っていこう。死というあなたの思考の産物が入り込めないくらい、あなたの意識の光で、あなた自身を照らし続けるのだ。

光のあるとき、闇はそこにいることができない。「あなた」こそ光だ。

意識という光は一切を照らす。

意識という愛は一切を癒やす。


それが本当のあなただ。

あなたがリラックスすればするほど「あなたという意識」は消えていく。「あなたという意識」があることが苦だ。「あなた」がいないとき、一切は静まりかえっている。

まずリラックスし、あなたを静めることだ。それが最大の準備だ。

痛みと苦しみ

痛みから苦しみを抜き取ってしまえば、もはや痛みには何の力も残っていない。死から恐怖を抜き取ってしまえば、もう死は抜け殻でしかない。あなたは今まで、痛みと苦しみが別のものだということを知っていただろうか。もし理解しているなら、あなたは多くのことをすでに解決していることになる。

痛み、それは肉体のものだ。何らかの原因があってそれは起こる。だが苦しみは一体どこからやってくるのだろう。それは頭からやってくる。それは思考だ。

少したとえ話をしよう。もし歩いていて足に釘《くぎ》が刺さったとしよう。人はその時、痛みと共に苦しみを覚える。どうしてこんなところに釘が、しかもどうして他の人じゃなくて私の足に刺さったのだ。私は今急いでいる。そしてまだ遠くまで行かねばならない。こんな足じゃどうしようもない。誰に文句を言えばいいのか。誰にこの損害を請求できるというのか。

しかし、もし意図的に自分の足に釘を突き刺したとしよう。何かのために、例えば遊びでも苦行のためでもいい。その時痛みはあるが、苦しみはない。その時痛みとあなたは離れている。あなたはとても冷静に痛みを見ることができる。その時痛みとあなたは同じではない。あなたとその痛みとの間には充分な距離がある。

足に釘が刺さるという同じ現象でも、こうもあなたのあり方は異なる。

また、例えば他人があなたの頬をたたいたとしたらどうだろう。痛みと同時に怒りや苦しみもやってくるだろう。だが自分が自分の頬をたたいたとしても、痛みはあるが怒りや苦しみは起こらない。

実際に自分の頬を自分でたたいてみるのだ。これを読むだけでなく。そして故意に他の人に自分の頬をたたいてもらうのだ。その時、本当にそうなのかどうか実験してみるといい。

読むだけで分かったような気になっていてはダメだ。知識はあなたの体験を通して知恵となっていく。あなたは自分で確認する必要がある。そしてそれは偉大なる実験、偉大なる発見となるだろう。痛みと苦しみが別のものなんて普通の人に理解できると思うかい？　頬を二回たたく価値はあるだろう。いつもよく似た時期にやってくるので、今までは同じものだと思っていた。だがよく注意して見てみると、それらは同時には来ない。まず痛みがあり、少し遅れて苦しみがやってくる。なぜだろう？　それは別のところからやってくる、異なるものだからだ。

苦しみが先にあり、痛みが後に来るときもある。また、苦しみだけがあり、痛みが現れないときもある。そしてそれがほとんどだ。我々の人生には、苦しみ、不安、心配だけがあり、痛みは現れないことがほとんどだ。我々は、痛くもないし困ってもいないのにいつも不安がっている。苦しみは、そしてすべては二つの方向からやってくる。一つは未来から、一つは過去から。未来の苦しみは、期待、不安、心配。過去の苦しみは、後悔、そして固定観念、先入観となっていつでも苦しみ続ける。どちらも幻想だ。つまり、ありもしないものにかかわっているということ。それは今、ここに真に存在しているものを無視することだ。

人とはいつまでも不完全で不安定なものだ。内側でも、外側でも。それが宇宙のありようだ。

肉体は痛む。

肉体も常に動き続け、変化し続けている。

複雑な原因と結果の法則。そしてこの全存在の意志によって、生まれ、痛み、傷つき、老いて消え去っていく。

また、肉体と心は別なものではないのだから、もしあなたの生が不自然なものであれば、体は必ず変調をきたす。その不自然さとは、あなたと真のあなたが分裂しているということだ。それこそこの世の唯一の分裂だ。そしてそれが一切の分裂を生み出す。それは尽きることのない葛藤だ。

今ここにあるもの《唯一つの真実》を見、受け入れ、生きるものに、苦しみはない。それはありえない。

今ここに生きるものに苦しみはない。

今ここにあるものがすべてだ。それ以外は何一つ存在しない。

苦しみは必ず過去か未来からやってくる。

苦しみはあなたの思考からやってくる。

苦しみはあなたの思考が作り出したイリュージョンだ。

「深刻さ」は常に病だ。すべての「深刻さ」にはエゴが隠されている。エゴはいつも深刻だ。それはあらゆるものを深刻にする。そうしなければエゴは生き延びることができない。そうしなければエゴの存在価値、仕事はないからだ。

逆に「遊びごころ」、それはいい。とてもいい。それは軽妙で自由だ。それは翼をもっている。どこへでも飛んでいける。

エゴによりつくり出された「深刻さ」。それが苦しみだ。

苦しみに実体はない。それはお化けだ。

深刻さに実体はない。それは蜃気楼だ。それはエゴの影でしかない。

すべての苦しみはあなた（エゴ、欲望、期待、判断）がつくり出したものだ。

この世の最終決定者――それはあなただ。実は一切をあなたが創造している。

人は肉体がある限り、痛みや病から逃れるすべはない。肉体には肉体のメカニズムがある。

ブッダでも喉は渇く。

ブッダでも長く歩けば疲れるだろう。

ブッダでも毒を飲めば死ぬだろう。

ブッダでも酒を飲めば酔うだろう。


一度よく見てみよう。

自分自身で確認してみよう。

本当に痛みと苦しみが別なものかどうか。苦しみは精神的なものだ。痛みは単純で、見守りやすく、原因も比較的知りやすい。

だが、苦しみは無意識なあなたに、まるで悪魔のように襲いかかってくる。あなたなど一気に押し流してしまうだろう。あなたには全く抵抗できないかのように巨大で強力に見える。だがそれは幻だ。

だからもし、あなたが痛みを冷静に「見る」ことができれば、痛みから少し離れてそれを見ることができれば、事は一変する。すべてはひっくり返る。

そしてあなたがそれを見守り続けるなら、もはや痛みはあなたには届かない。

やがてそこに「すき間」が発見される。

痛みとあなたとのすき間。

痛みと苦しみのすき間。

苦しみとあなたのすき間。

そのすき間は徐々に大きくそしてはっきりしてくる。いったんそのすき間を発見したなら、あなたはもう同じあなたではない。

痛みは依然としてそこにあるかもしれない。だが苦しみは徐々に力を失い、小さく小さくなっていく。アリさんのように。そしてそのすき間は大きく大きくなる。象さんのように。

あなたが「見る」ということによって、あなたのその意識の光が一切の無明を消していく。苦しみ、怒り、妬み、愚痴、一切の闇は消えていく。

そしてさらに見守り続けるのだ。注意深く全体を観察し続けるのだ。痛みは必要なものだ。肉体にとってそれは欠かせないものだ。それは肉体を守るものだ。痛み自体には何の問題もない。問題は苦しみだ。これが問題をさらに大きく、さらに複雑にしてしまう。

痛みというものは必要な時、必要なだけそこにあるものだ。それは自然の与えた贈り物、進化の産物だ。その痛みを見つめるのだ。決して痛みに触れてはならない。単に見守るのだ。あまりに耐え難いものは、それなりの処置をすればよい。

だが、できるだけそれに触れずに見つめ続けるのだ。それは何かが不自然だということを知らせる自動警報装置だ。その原因を知る。何が間違っていたのかを知る。完治へたどり着く。そしてその痛みのすべてを見守るのだ。その始めから終わりまで、痛みが去った後も、見守り続けるのだ。決して途切れることなく、あなたの意識的なエネルギーを連続させるのだ。

痛んでも苦しまず。健康でも喜ばず。その一切の外側から起こっているすべてを見守り続けることだ。

すべては真の自己の発見のための学びの場だ。

痛みから逃げようとするのではなく、そしてまた、それが去った時ほっとして無意識になるのでなく、ひたすらリラックスして一切を見守り続けるのだ。何一つあなたは手出しせず、そのままにして。

だが、幾度となく無意識がやってくる。最初はいやになるほど意識は途切れる。それはそれでよい。みんなそうなのだ。ブッダも最初はそうだったろう。無念、無想などというものは最後にやってくるものだ。決して最初ではない。

もしあなたがその無意識になったときの数を数えられたなら、それはとても素晴らしい。なぜならその数プラスワンが、あなたが意識した数だからだ。

それはとても素晴らしいことなのだ。無意識であったことを知っているあなたのその意識に感謝するがいい。だって一度も「見るということ」、「意識的であること」、「気付いていること」を学ばずに一生を終える人がほとんどなのだから。

だから決して自分を責めたり後悔してはならない。むしろその無意識であったことに気付いたことを、褒めてあげることだ。

その無意識もまた、注意深いものであらねばならない。

そして気付いたならまた、内側を見守り続けるのだ。できるなら眠りに落ちるとき、その意識が途切れるまで見守り続けるのだ。

そして次の朝、思考が再びおしゃべりを始めると同時に、それに気付き、見守り始めることだ。

前の章でも少し述べたが、「見る」ことの注意すべき二つの状態。一つはぼんやり散乱し、一つは集中し考えること。その二つに注意する必要がある。

その二つは意識的であること、注意深く覚めていることとは違うのだということ。

正しい言葉かどうか、美しい考えかどうか、聖なる願いかどうかは問題ではない。

あなたは今、最後の探求を目指す者だ。少し気分が良くなるために、探求するわけではなかろう。一切が今、明らかになろうとしているのだ。

我々は越えていかねばならない。

我々はすべてを越えていかねばならない。

今、目を失おうとしているあなた。

今、乳房を、両足を、肉体のすべてを失おうとしているあなた。

目はあなたではない。乳房は、足はあなたではない。本当のあなたとは一体何だろう。

それら一切を見守るものだ。意識そのものだ。

それは形を持たない。だからどんな形にもなるだろう。

それは生まれたものではない。生まれないものがどうして死ねよう。

この純粋な意識は決して年はとらない。この純粋な意識は男でも女でもない。

それを理解しないのは、ただただあなたがそれを見なかったからだ。あまりにも無意識で生きてきたからだ。もっと意識的であることだ。あなたが何を考え、何を話すか、何をやるかは問題でない。要はあなたのあり方だ。

あなたが見たもの、あなたが見ることのできるものは「あなた」ではない。何かあなた以外のものだ。

このことを覚えておくことだ。

目は目を見ることはできない。手は自分が手であることを知ることはできない。この茶碗は自分が茶碗だということを知ることができない。それら一切を存在たらしめるもの、それがあなただ。それら一切を目撃しているものだ。

茶碗とそれを確認するあなた、この主観と客観が存在の証明だ。見るものと見られるものだ。

だが実のところ、あなたはそのどちらも超えている。「見る」ということにおいて、あなたは異なる次元の何かを発見する。それが禅のすべてだ。それが瞑想のすべてだ。見るのだ。自己の一切を見るのだ。自分の思考、怒り、みじめさ、そして幸せ、喜びでさえ。あなたの中で起こる一切を見続けるのだ。

神でさえあなたから見られる者となる。生も死も一切だ。そしてあなたはその一切を見る者だ。一切があなたの内側で起こる。あなたの意識はよりはっきり、より大きくなっていく。

あなたが自己の思考を見るとき、必ず言葉や判断が現れ、それに巻き込まれ、くっついてしまう。それに気が付いたなら、ちょっと後ろへ下がってその全体を見るのだ。どんな言葉や思考も現れないところから、そっと見守り続けるのだ。離れていることだ。超然として距離を保っていることだ。

この書は、実行と並行していなければならない。それゆえ、何度でも読むのだ。これは新聞や週刊誌のような、一度読んだら捨ててしまう薄っぺらなものではない。この書が伝えたいものは、知識ではない。「一切を見続ける」ということが、あなたの一部になることだ。

それがあなた全体に広がり、根付かせるためのものだ。だからあなたは、読むたびに元気付けられるだろう。

ちょっとした助言

この書を読み進めていくと、あなたは気付き始めるだろう。その内容が矛盾だらけだということ。多くの繰り返し。全く首尾一貫していないこともあり、整合性のないものも多い。

だがそんなことはたいしたことじゃない。問題はただ一点だ。

それは、あなただ。

あなたが、あなたに気付くことだ。知ることだ。

私は多くの読者に語りかけることになる。そのため、要点は一つだが、表現は多次元にわたる。多くの視点、角度で迫るのだ。どこかにあなたが引っかかってくれるようにと。そして「見る」ことを始めるようにと、探求を始めるようにと。

私の関心はあなたを目覚めさせることであって、きれいに整った文章を書くことではないのだ。

おおよそ物事というものは、その見方によっていかようにも解釈も表現もできるものだ。真理はどのような論理とも体系とも関係がない。なぜなら真理は生きているからだ。それは固まったもの、決まりきったもの、死んだようなものではない。常に動き変化し、生き生きとしたものだ。

それを「言葉」＋「概念」でとらえようとすること自体、無理なことだ。

だから私もあなたも混乱する。

だがそれは仕方のないこと。

一つの方向、一つの次元からしか説かなければ、文章は簡潔で分かりやすいかもしれないが、あなたの理解は薄っぺらいものとなるだろう。

ただ真理に従って述べようとすれば、それは混沌としたものにならざるを得ない。それはどうしようもない。それはそうなのだから。

だからあなたは文章自体にはとらわれないで、そのエキス、その香りを味わってほしい。そして先に進むのだ。何にも縛られず、何一つつかまず超えていくのだ。この書の欠点を指摘してもよいが、そんなことはどうでもよいことだ。ただ探求を始めてほしい。「見る」ことを学び始めてほしい。

一つの提案。私が賛成できないもの、スマホとデジカメ。少しの時間があるとスマホをいじくる。大切なこの瞬間を無視している。スマホをいじくっている間、あなたは生きていない。無意識、現実逃避、たった一つの真実「今、ここ」を台無しにしている。見わたしてごらん、いかに多くの人が下を向いてスマホをいじくっているかを。それは、ゾンビだ。

そして、デジカメと携帯の写真。彼らは「今、ここ」で感じ、生きることを台無しにしている。そこに写ったものは、すでに真実ではない。あなたは、その時、そこで見て、感じなければならない。時とは、「今、ここ」だけ。それがどんなものであっても、それを感じ生きるべきだ。あなたの目とハートと魂に焼き付けるのだ。やってごらん。生は輝く。あなたは真に生きる。

怒り

あなたは「見る」ということについて学んできた。

実際に何度となく自分でやってみると、すでに多くのことに気付いたはずだ。そして見るということの不思議さ、素晴らしさを知り始めたことだろう。

最初肉体を見ることを学び、次いで痛み苦しみについて学んできた。次に「怒り」

について観察してみよう。

肉体から思考へ、そして感謝への旅だ。

怒りはなかなか見えにくいが、あなたは少し練習をしてきているので、そのコツを少しはつかんでいると思う。怒りはいつも激しく自分を襲い、つい我を忘れてしまう。だが怒りが起こった瞬間、「見る」のだ。あなたの怒りの始めから途中、その終わりまで全力を上げて見るのだ。

注意深く見るなら、怒りにも多くの種類があるのに気付く。一般的に怒りは自分の先入観、期待と現実が違うときに現れる。

また、あなたは直接何か原因があって怒るときもあれば、何かとても小さなことで怒りを感じることがある。その時その怒りが表現できないと、あなたはその怒りの波動を持ち歩くことになる。

その怒りのエネルギーは蓄積され、かつ増幅していく。そしてほんのささいなことで、それは爆発してしまう。

怒りの波動が先にあり、目の前の原因は点火剤にすぎないのだ。

怒りを見る、知っていく、それはとてもワクワクする体験となりうる。それはまるで「怒り」と題する映画を見ているようなものだ。

あなたというスクリーンに、多くのものが映し出される。そのスクリーンにすべてが映し出される。

だが何が映し出されようと、スクリーンには一切触れることはない。そのスクリーンにどんな汚いものが映し出されても、スクリーンは汚れない。そのスクリーンにどんな罪が現れても、スクリーンは罪に犯されない。そのスクリーンにどんな美しいものが映し出されても、スクリーン自体は決して変わらない。

そのようにしてあなたに起こるものを見るのだ。何が映し出されても、あなたはそれを楽しむ。単に映し出されたものでしかないものを認識する。もしそのように怒りのすべてを見ることができるなら、怒りはひとりでに消える。

あなたは意識的に、怒るという矛盾を感じる。つまり見ている時、意識的である時、怒りはそこにいることができない。無意識こそ彼らの仕事場なのだ。

それは意識が怒りを押し殺すというのではなく、怒りはひとりでに消えていくのだ。

例えば光のあるところに決して闇がいることができないようなものだ。

そしてあなたは、怒りそのものに触れてはならない。怒りをコントロールしようとしたり抑えつけようとしてはならない。それじゃ何《なん》にもならない。怒りには怒りの生きる権利も理由もあるのだ。彼ら（怒りたち）を許し、見守るのだ。

とにかく一切手を出さず、見守り続けるのだ。また、「見守る」ということは、あなたは一切手出しをしないということでもある。物事を、起こるに任せるのだ。すべてをそのままにしておくことだ。

大きな怒りのときは、つい巻き込まれてしまう。だが見ることを続けていくうちに、あなたは力をつけてくる。コツもつかんでくる。いつか遠くない時期に、あなたは怒りを見る勇気と知恵を見つけるだろう。それはちょっとしたコツだ。

かつてブッダは言った。「真の勇者とは怒りを遅らせる者だ」と。ただそれを見守る勇気さえあればいい。

今度怒りが現れたらよく見てみよう。誰かの許しがたい侮辱の言葉があなたを突き刺した時だ。これは許せない、絶対許せるものか。これだけは許せない。誰が考えても許せない。カーッとなる。全身の血液がいっぺんに酸化する。ある毒素が放出される。その怒りには、あなたの肉体も充分に反応する。その毒素、血液の酸化が、あなたを緊張させ興奮させ、かつ戦う準備を整えさせる。

何かに触れたのだ。あなたの何かに。その言葉が直接あなたを打ったのだ。言葉や思考は充分物質的であるので、それらはあなたを打つことができる。直接に。

一体あなたのどこに、あなたの何に触れたのだろう。

それはエゴだ。それは私という意識、私のものという思考だ。

見ることによって、そのすべてのプロセスが見えてくる。

ひどい言葉、あなたはカーッとなる。そこで見るのだ。

その言葉は何を打ったのか。「あなた」「これが自分だと思っている総体」「これは正しい、当然だと思っていること」……。

例えば、あなたが東大を一番で卒業した秀才だとしよう。そんな人でも、会社に入ったらペーペーだ。そんなとき、全く学歴のないちょっとだけ上司から、それも普段バカだバカだと軽蔑している奴から、お前なんかすぐに飛び越えて出世してやるんだと思っている奴から、「お前はなんてバカなんだ」とでも言われたとしたら、あなたは天地がひっくり返るくらい怒りを覚えるだろう。あなたが考えていた全く違う評価が下されたのだ。あなたは小さい時から頭が良くて、周りの者から「君はすごい」「君は特別だ」と言われ続けてきた。君は期待してしまっている。みんなが自分を尊敬すべきだと。人は誰でも自分を認めてきたし、自分もまたそう思ってきた。だが、自分がとてもバカにしている奴から、バカ者呼ばわりされたのだ。君はもう地上には立っていることができない。すべてが頭に上って地上から浮き上がっている。何もヨーガの修行などせずともよい。もし地上に立っていたくないなら方法はある。

一つは頭にくればよい。カッカ、カッカすれば……体中の血液を酸化させ、それを頭に送り込めば、地に足がつかなくなる。

一つはその肉体への執着をすっかり落としたときもまた、あなたは地上を離れることになる。

そんなときあなたは、ちょっとした勇気と探究心があれば、その怒りの全体を見ることができ、そして知るのだ。

もし同じ言葉を、自分を本当にバカだと思っている人に言っても、彼の反応は少し異なるだろう。だが彼も少しは怒りを覚えるだろう。バカ者呼ばわりされて怒りを覚えない者は覚者だけだ。

彼はその時悲しさを感じるだろう。そのような言葉を吐いた人のために祈るだろう。だが、普通の人はそうはいかない。そして怒りの量と質、形と色はいつも違っている。同じ侮辱の言葉でも、怒りはいつも異なった顔を持つ。この生において同じことは二度と起こることはない。あのエリート君も、もし彼が幸せな時なら、その怒りはとても小さなものとなるだろう。もし彼がとてもつらいときなら、彼は彼ではいられず大爆発だろう。一つ一つすべてが異なっており、さらに変化し続ける。

この世のすべては、多くの要素、多くの原因から生じる。怒りもまた、そうだ。原因は一つじゃないし、結果もまた一様ではない。

それらの一切を見るのだ。あなたがそれを見ようと決心したなら、あなたにはそれができる。それが見える。

見るためには、見ようとすることだ。どのようなドラマも映画も、これほどスリルに満ちまた、深い気付きをもたらすものはない。

あなたは一人の冷静な観客となるのだ。人生という舞台で繰り広げられるすべてを、ただ見守る。

あなたは出演者ではない。

あなたは出来事ではない。

それらを見る者だ。

人は何かに触れると反応を示す。その何かとは一体何なのだろう。エゴと呼ばれる自我。自我って何だろう。私って一体誰なんだろう。

何かこれが私だという固定した実体があるのだろうか。ないのだろうか。そのどちらでもないのだろうか。

我々は観念ではなく、実体験でそれを知る必要がある。

そして見ることによって、それは知られる。それは玉ネギのようだ。これではない、これでもない、そしてあれでもない。どこまでも続く否定。

〜であるとは言えないが、〜ではないとは言える何か。

あなたは病院で寝ている、もう死を宣告された哀れな病人かもしれない。あなたの望みを、周りの者は聞き入れなければならないと思っている。もうすぐ死ぬのだから、どんなわがままも許されるべきだと思っている。そのような人を満たすことなど、神様だってできない。

まず心を静め、そして見るのだ。それがたった一つの救いだ。今を最高の学び場とすることだ。

どんな怒りも、小さなものも、大きなものも見るのだ。

怒りが来るなら、あなたは手出しせずに来させることだ。

薄ら笑みを浮かべ続ける人の腹の中は煮えたぎっているものだ。それらのチリ（感情）をしずめようと動き回れば回るほど、チリはまた舞い上がる。

家のチリをしずめるには、ただじっと待つ以外ない。チリがそれ自体遊ぶだけ遊び、舞い降りてくるまで、ただ待つのだ。

そして見ることによって知る。理解する。

怒りというものは消えていくもの。自分は今、怒りを感じているということ。怒りというものに実体のないこと。

あれほど強大で自分ではいかんともできなかった数々の怒り、それはもう今や力を失おうとしている。少なくとも、昔のままというわけにはいかなくなっている。あなたの見るという意識によって、その正体は見破られようとしている。

怒りのような強い感情を見守ることは、少し大変かもしれない。だがあなたは少しずつ成長を始めている。もう後戻りしてはいけない。あの無意識の世界にどっぷりと浸かってはいけない。

そしてその同じ勇気、同じ目覚めた意識によって、一切を見守り続けるのだ。注意深く。

喜ばしい感情に関しても、巻き込まれずに見守り続けるのだ。

苦しみは取り除きたいので、意識的になって、それが消えるのを待つ努力もする。だが、喜びや幸せに対しては、無意識でいたい。それと一緒になりたいと思ってしまう。

それはできない。「苦しみは見るが、幸せは見ない」、それはできないのだ。

あなたがこれを手にし、真の探求を始めたのは、ちょっと喜んだり、機嫌が良くなるためではない。

知るのだ。理解するのだ。真理を、本当のあなたを。

あなたは、すべてを、全体を知ることができる。妥協してはだめだ。

この世には二つのものがある。それは意識的か無意識かだ。

決して幸と不幸の二つじゃない。喜びと悲しみじゃない。むしろそれらは同じもので出来上がっている。

例えば不幸のない幸せなど考えられるだろうか。不幸がないのに、どうして幸せが存在できよう。悲しみのない喜びなどありえない。それは同じエネルギーの二つの顔だ。一つを取り除けばもう片方も死ぬ。表しかないコインはありえない。裏しかないコインはありえない。だからその二つとも越えていこう。

この世にたった二つの状態がある。それは「見ている」か「見ていない」かだ。

幸せのない不幸は存在できない。幸せの存在原因は不幸であり、不幸のそれは幸せなのだ。

だから、至福とはどんな不幸でもないこと、そしてどんな幸せでもないことだ。そこにはただ静けさだけがある。すべてを越えていくことだ。

あなたはずいぶん高い所まで来たものだ。振り返ってごらん。あなたの過去が見える。多くの人々が下の方で道に迷ってうろうろしている。

その時、優越感ではなく、共鳴が、慈愛が湧き上がってくる。

多くの人は目があるのに、閉じたまま果てしない荒野を当てもなくさまよい続けている。その人々はあなただ。あなたはだらけだ。

これは実践の実験の書だ。だから同じ言葉も幾度となく出てくる。

それはあなたが幾度となく無意識になるからに他ならない。

実際に、そして今すぐやってみてほしい。見るのだ。そして見守り続けることだ。

少し疲れたら休むがいい。どんなことも最初は大変だと思えるものだ。少し散歩するといい。深呼吸して体操するといい。

そして再び始めることだ。徐々にそれが長い間続き、はっきりとしてきて、いっそう楽になってくるはずだ。他人や外側の一切のものは、最初楽しみをもたらすが、やがて必ず苦しみとなる。なぜなら、やってきたものは必ず去っていくからだ。

自己は最初は苦しいが、後には永遠の至福をもたらす。なぜなら、それははじめからあったものだから。それはやってきたものではないからだ。

カサーシス（カタルシス、発散、浄化）

体と呼吸を整え、すべてを見守り続ける。

何事にも巻き込まれぬ広大な意識を体験し、体現していく。そして成長は続く。成長は永遠に続く。真理は成長を続ける。成長を続けるものが真理だ。

完全であることなど退屈でしかない。完璧さというのは、死んでいるということだ。

生は、宇宙は、そんなつまらないものではない。我々は知り続ける。

もし知りたければ、見ればよい。

もし知り続けたければ、見続けることだ。

その覚醒の中で、その静けさの中で多くのことが浮かび上がり、消えていく。

あなたが勇気をもって「本当の自己を知ると決心したその時から」、そしてあなたが「自分が表現することを許す時から」、あなたは躍り出る。飛び出してくる。それがたとえどんなものであっても、あなたは「見る」という秘法によって、その全体を受け入れることも知ることも可能になる。あなたにその準備が出来たとき、大いなるもの、真のあなたの全体が浮かび上がってくる。次々と。

だがあなたは、もう戸惑わない。もう巻き込まれない。むしろあなたは、それらを味わうことができる。それを楽しむことができるようになる。

例えば、あなたが抑えに抑え続けてきた感情。多くの種類の、長い歴史上の多次元の感情が現れてくる。

だが、あなたはもう恐れない。それらの感情が自己表現できるほど大きく成長している。

逆に大きな感情が現れたなら、それはあなたがそれほどに大きくなったということだ。

あなたがそれを許さない限り、感情は現れ出ることはできない。すべてはあなた次第だ。

感情とは、とても深く大きな現象だ。感情とは一体何なのか、あなたはこれまで取っ組んでみようとしたことなどない。ただ無意識に従うか、それを恐れるか、コントロールしようとしてきただけだ。

あなたは人生を理性や判断だけで処理しようとしてきた。その結果、あなたの人生は、袋小路に堂々巡り。味気ないカスカスののっぺらぼうで薄っぺらなものになってしまった。それは人生から豊かさを、豊かな感情を取り除いてしまったせいでもある。あなたがそれを歪め封じ込めてしまった。

そしてどうなった？　あなたは外側に多くのものを手に入れた。そしてどうなったというのだ。

安定と安全だけを求めて生きてきた。いや、本当は死んで来たといったほうがよい。だって、人生から感情を取ってしまったら一体何が残るだろう。

例えば恋。それは多くのことを可能にする。恋を、ある時はワクワクして待ち、ある時はとても恐れる。それというのも、恋があなたをどこか知らないところへ連れていってしまうからだ。

その中であなたは、自分のコントロールを失う。振り回され、もみくちゃにされ、かき乱される。それは感激でもあり、苦痛でもある。実はその両方でもあるのだが、それはあなたが今まで知っていた世界とはどこか違う体験となりうる。

あなたは恋をし、そして傷ついた。そしてまた、次の恋をし、傷つき、そしてそれは続く。いつしかあなたは疲れ果て、恋を避けるようになる。恋には多くの強烈な感情、思考、計算、そして何でもかんでも、あなたのすべてが入り込んでくる。恋を恐れるということは、それら多くのものを恐れることであり、それはあなた自身を恐れるということでもある。

今あなたは、見るという、すべてから離れているという秘法を手にした。そして見守り続けている限り、それがどんなものであっても、あなたに何が起こっても問題はない。

あなたは豊かな感情を持って生まれてきた。だが、赤ちゃんから子ども時代にかけて、徐々にそれを失ってきた。そして家族は、社会全体は、それを封じ込め、コントロールしようとしてきた。あなたを、支配しやすい、単なるロボットにするために。あなたはたくさんの知識と技術を学び、感情を押し殺し、良い子に、そして良い人になってきた。その結果、多くのものを手に入れた。

それでどうなっただろう？　今死を目の前にして、ありがとうすべてのものよ、ありがとうと言えるだろうか？　口ではなくあなたのハートの奥深くから。

あなたは頭でなくハートで生きたことがあっただろうか？　あなたは自分の一生を走馬灯のように眺める。そして知っていく。学びは続く。

見ることによって離れていることができるようになると、多くの押さえつけ、ため込み続け、ごまかし続けたものが躍り出してくる。

あなたの意識ははっきりとし、また拡大され、また感情との距離を持つことによって、感情自身が自由に表現できるようになる。

あなたが見ることによって全体がまとまってくる。

あなたが見ることによって中心が定まってくる。

あなたは見ることによってすべてを越える。

その時、感情は美しい音楽になる。

あなたが見ていない時、つまり無意識の時、あなたの気分、感情といわれるものはただの雑音でしかない。それは限度も知らず方向感覚もない。それはあなたにとっても周りの人々にとっても音楽ではない。それは聞きづらい雑音だ。

精神障害者がピアノの鍵盤をでたらめにたたくとき、それは音楽にはならない。そして弾くとは言わない。しかし感情というピアノ、怒り、喜び、悲しみ、みじめさ、笑い……これらの鍵盤を、中心を持った者が、全体を見る者が奏でる時、それは美しいメロディー、ハーモニーとなる。

生という究極の音楽だ。

見ることによってあなたはまとまり、中心を持つ。するとすべての感情という音楽があなたの生を豊かにしてくれる。

　感情を表現させるのだ。それを許し愛するのだ。そうすれば、今この地上の「悲惨さ」「貧困」「不平等や差別」「戦争」、これらの多くは消え去るだろう。

　あなたは感情を封じ込めてきた。すべての人が自己のハートに耳を傾け、それに従うとき、一切の悪はこれを行うことができない。人はエゴ、思考、判断に従うときのみ、悪を行うことができる。

　あなたは泣き叫ぶ赤ん坊を銃で撃ち殺すことはできない。あなたはお腹をすかし寒さに震える人に、何かを分かち合わずにはいられない。あなたは能力がないという理由で人を差別し、搾取することができない。人権や宗教の違いで人を傷つけることはできない。自分の愛するものを傷つけた者が、彼の家族と貧しく必死に生きている姿を見たとき、復讐はできない。彼を殺せば彼の妻や子どもたちは泣き叫び路頭に迷うだろう。支配している国の小さな村で乳飲み児におっぱいをあげている若い母親を、従軍慰安婦にするために連れていってしまうことはできない。泣き叫ぶ家族のいる男性を戦争に駆り出すことはできない。戦争に駆り出され目の前に傷ついた敵がいたとき、これをさらに殺すことはできない。戦場において自分と同じように恐怖におびえ銃を握りしめたまま震えている兵がいたら、何らかの共感が起こるだろう。あなたは彼を殺せと命令されている。そしてやらなければやられるかもしれない。だがあなたのハートは断固として反対している。

一切の悪は無意識のときに起こる。ハートに従い、常に目覚めている人に、「悪の波動」は近づくことはできない。

あなたは目の前の敵兵と友達になりたいと思っている。彼らと一緒にダンスを踊りたいと思っている。お互いの国の民族音楽を鳴らし、お互いの踊りを教え合い、肩をたたき合い、手を取って踊り明かすのだ。そうなると戦場は一瞬にして国際交流センターに早変わりだ。お互いの宗教の良いところを教え合い、風俗や習慣の違いを楽しみ、お互いの家族のことや恋人の話をし、一緒に酒でも飲む。

人類が今取り戻さなければならないもの。それはハートだ。ハートの深い叫びだ。それに耳を傾けるのだ。

ハートというのは、とても深い現象だ。あなたの頭脳、理性、判断などは、あなたのハートに比べたら実にちっぽけなものだ。薄っぺらだ。そしてたった一つの次元しか知らないものだ。

ハートは違う。それは計り知れない深みと大きさを持つ。ハートの歴史はこの宇宙の歴史だ。

あなたが「あなたを見る」という状態への準備の一つとして、カサーシスという精神浄化をお勧めする。

あなたは知らぬ間にため込んできた。長い間抑えつけ、ごまかし、コントロールし、歪め続けてきたあなたのハートの鼓動。それを一度表現させなければ、解放してあげなければならない。それらの持っているエネルギーを解き放たなければ、それらの渦がつきまとい、あなたを苦しめるだろう。そうなれば、心を開いて静かに自己を知ることはとても困難になるだろう。

あなたは明け渡し、まかせ、信頼することができない。すべての判断と行為を落としてリラックスすることができない。

あなたはソワソワする。そんなあなたの眼球は微妙に動き続ける。あなたの口は、

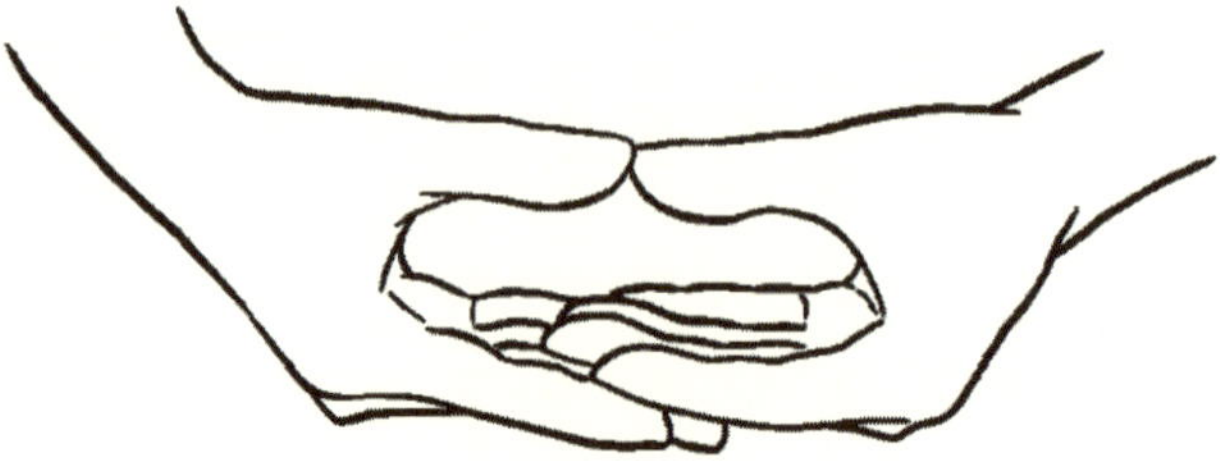

図1　法界定印

心は、頭は、動き続ける。じっとしていられないのだ。苦しくて、何かがもっとほしくて、空っぽになれない。静かになれない。なぜだろう。

このカサーシス（カタルシス）に関しては多くのものがすでに出回っているので、自分で勉強するといい。

わたしはここで少しだけ述べたいと思う。これは自閉症、神経症、精神病の人々とその家族にもとても有効である。さらにストレスをため続けているビジネスマン、管理職の人々のあいだも世界中ですでに実証され行われつつあるものだ。というのも、これらの方法はすべての人を解放するからだ。

その①

静かに、楽な姿勢で座る（イスでもよい）。図1のように、右の手のひらの上に左の手のひらをのせ親指の頭を重ね合わせる（法界定印）。これだけでもとても心を落ち着かせることができる。次に、軽く目を閉じ口をあけて口で息をする。体の疲れも、心の悩みも、静かに吐き出す、ゆっくりと。気がすんだら、鼻で静かに呼吸する。

これを好きなだけやる。これはとても簡単に人をリラックスさせる。とにかくやってほしい。あなたは間もなく気付き始める。リラックスが訪れ、静けさが訪れ、そして幸福が訪れるのを。

その②

好きな音楽をかけ、軽く目を閉じて、体が動き出すのを待つ。座っていても立っていてもよい。全身を耳にして、全身をハートにして、その音楽と一体になり、揺れる。そして動き、踊る。上手くやる必要はない。体が動きたいようにさせる。あなたはそれを見守る。見守り続ける。

軽く楽しく揺れてみる。動いてみる。踊ってみる。肉体とハートの解放。あなたはとっても自由を感じる。
あなたはその一切を見守り続ける。

その③

部屋に鍵をかける。または、森の中の独りになれる場所で、手首をブラブラ、バタバタ振りながら、あなたの知らない言葉を早口で大声で話す。

何でもよい。とにかくあなたの全く知らない言語を大声で早口でまくしたてるのだ。そのうちに、体も揺れ始める。動き始める。足もバタバタし始める。すべてしたいようにさせておく。目を軽く閉じ、体中をバタバタさせながら、できるだけ早口で。

「アチャシータピークサイロビジャジャめるもらひっさくぽ……」何でもいい。

これはジベリッシュという技法だ。現代人の心を癒やす、とっても効果的な技法だ。

もしこのジベリッシュの全体を理解し、一緒にやれる人が見つかったなら、とても深い関係が生まれるだろう。それが男であっても女であっても。あなたは何かを分かち合い、解け合うことができる。

これは車の中ならいつでもできる。疲れやストレスはとても軽くなる。とても簡単で、とても効果がある。あなたをいつでもどこでも軽くする。空っぽにする。

このジベリッシュは英語のgibber――訳の分からないことを話す――からきている。もともとはイスラム神秘派スーフィーの聖人ジャバ由来だ。彼は悟りを得た後、彼独特の言語を使い始めた。だが他の人々は、全く理解できなかったというわけだ。

それはあなたがギリシャ語を聞いているようでもあり、アフリカの言葉か、古代のものか、他の星のもののようでもある。あなたが初めてそれらの言葉を聞いたなら、さっぱり分かるまい。

そんなふうに気楽に遊び心でやってみるのだ。そのうちに本当に楽しくなってくる。乗ってくるのだ。もし運転中にこれを行えば、疲れや事故は半減するだろう。

その④

涼しくよく晴れた日に、外へ出て、緑の中で風に揺れる。ただただ風になってゆらーり、ゆらーり、好きなだけ。何もかも忘れて、空っぽになって。ゆらーり、ゆらーり。

その⑤

笑う。とにかく笑う。どんな理由もなく笑い続ける。そのうちに本当におかしくなってくる。あなたの気のすむまで。

その⑥

泣く。とにかく泣く。どんな理由もなく泣き続ける。そのうちに本当に悲しくなってくる。あなたの気のすむまで。

その⑦

怒る。とにかく怒る。理由もなく怒り続ける。

大きな枕を用意し、ドアに鍵をかけ、その枕を思いっきりたたきながら怒鳴り散らす。

あなたの知る限りの最悪の言葉を吐きながらののしり、怒りまくる。思いっきり、あなたの気のすむまで。

これらのカサーシスは、人を肉体的にも精神的にもリフレッシュさせ、健康にする。ストレス、ため続け歪め続けられた感情、想いが解き放たれる。

すべてはあなたの想念がつくり出したものなのだから、もしあなたが空っぽになり静まったなら、次のどんな現象も起こりえない。

単純作業をされている方々にも、体操と共にこれらカサーシスをお勧めする。

その時、人は初めてリラックスし、静まり、「見る」ということも可能になる。

その時、あなたは本当に生き生きとしてくる。生命エネルギーは自由に流れ出す。

そしてあなたは生を感じ始め、癒やしや愛を感じ始める。

さらにできるなら、その最初から見守り続けるのだ。だが、見ているからといって、中途半端にしてはならない。それじゃだめだ、思いっきりやるのだ。

あなたが中心に定まり、あなたに起こるもの一切との距離を保ち見守るとき、そして許すとき、たくさんのことが浮かび上がってくるかもしれない。

　この生だけでなく、何世にも渡って積み重ねられた、そして表現されなかったものたちが、ここぞとばかりに躍り出てくるかもしれない。

　しかし、怖がらなくてもいい。あなたが許したから、彼らは現れてきたのだ。見守り続けるがいい。そして彼ら（感情たち）の気のすむまで、気のすむようにさせておけば、それは消えていく。ひとりでに消えていく。安らかに、何の痕跡も残さず。そしてもう二度とあなたをかき乱し、苦しめることはないだろう。「全き静けさ」「空っぽさ」「何もなさ」が訪れるだろう。

　だから怖がらずに。それが怒りや恐怖や劣等感や自己嫌悪や性的欲求不満や……それが何であれ、許すことだ。

　あなたはただ観察し続ける。最初、彼らはぎこちなく振る舞うだろう。だが、あなたの許しと愛を受けて、次第に自由に表現するようになるだろう。それは美しいものとなるだろう。あなたは初めて生を知る。

　そしてあなたはさらに静まりかえる。

最後の生を生きる

思考とは、肉体とは、そして生とは……。

何回も何回も、「見る」「見守り続ける」「意識的であり続ける」ことが出てくる。
あなたはそれでも忘れる。

あなたは忘れてしまう、自分を。

あなたは無意識に生きる。

あなたが無意識の時、あなたは何一つ知らない。

多くのことが起こっているし、起こり続けている。だがあなたは何一つ理解できない。

あなたが「見ること」を忘れたとき、あなたはあなたの肉体と一緒になってしまう。

あなたは肉体に巻き込まれ、振り回され、連れ回される。

あなたは主人ではなくなる。肉体の奴隷だ。訳も分からず、どこへ行くのかも分からず、ただ振り回され続ける。みじめだ、そして虚しい。

この肉体においしいものをいくら食べさせてとして、一体それが何になる。そしてどうなった？　ほんの一瞬、食べ物が口の中にある間だけ少し幸せを感じる。あなたは無意識なので、肉体を、全体を見ることができない。だからほんの一瞬の感覚のために、求め続け、食べ続ける。あなたが気付くとき、ストップするときは、肉体が限界になったときだけだ。

お腹いっぱいということはどういうことだろう？　それは肉体を限界までいじめたということじゃないだろうか。肉体が苦しめば、あなたは必ず苦しむ。あなたは肉体を離れては存在できない。

だが、人の成長はさらに続く。肉体は必ず傷つく。痛む。老い、必ず消え去る肉体は永遠ではない。

だがあなたは無限の何かだ。だからそこには不自由さ、窮屈さがある。そこにアンバランスがある。

そのアンバランスから調和したいという欲求と成長が生まれ、それが喜びとなる。

あなたが見ることを忘れているとき、意識的でないとき、あなたはあなたの思考とごっちゃになる。

あなたは頭の中に次から次へと現れ流れていく多くの思いや考え、判断と一緒くたになる。

あなたがあなたの思考群と一緒くたになってしまったらどうなるのだろう。それはたまらない。それは狂気だ。それは地獄だ。

ちょっと自分の思考を見てごらん。テレビを見るように思考たちはしゃべり続ける。思考は彼じゃない。それは彼らだ。彼らは一人じゃない。何千何万何億といる。次から次へと現れては消え、現れては消え……、あーでもない、こーでもない。あーかもしれない、こーかもしれない。

ある時はこうで、ある時はこうだ。

思考の範囲とは、「あなたが生まれて今まで生きた体験の数だけ」ということだ。あなたはそれ以上のことは理解できない、判断できない、想像もできない。それがあなたの頭の中の範囲だ。たったそれだけだ。

しかしあなたは、今持っている材料だけで一切を判断しようとしている。それはできない。それは不可能だ。あなたは知らないと言ったほうが当たっているだろう。

この果てしない宇宙、この果てしない時間の中、そして全く新しいこの一瞬一瞬、その連続である。

そんな中で、地球の上で五十年か百年生きてきたあなたが、たった一つ頼りにしてきたあなたの頭脳はたかが知れている。そしてそれはいつも古い。それは必ず過去しか知らない。

あなたは知性の範囲を知るべきだ。それが少なくとも知性的ということだ。

だが一方で、他にこれほど頼りになるものはない。そしてそれには無限の秘密が隠されている。頼ってもダメ、無視してもダメ。

とらわれないということがカギだ。

それはバランスの中で生きるということだ。

それをインドの仏教僧ナーガールジュナ（八宗の祖といわれた龍樹）は「中」と呼んだ。「中」の意味は常人には理解できない。それは多次元の意味を隠し持っている。

ただ「中」とは真ん中というだけではなく、「そのどちらにも偏らない調和の中で生きる」ということだ。

一言でいえば「とらわれなくて自由に喜んで生きる」ということだ。

肉体に近づき過ぎるのでなく、離れるでもなく。思考を捨てるのでもなく、よりかかるのでもなく。男になりきるのでもなく、男を捨てるわけでもなく。生きることでもなく、死ぬことでもなく。人間だけで生きるわけでなく、神に祈るだけでなく、神と共に生きることだ。

これは言葉や理屈ではなく、気付きだ。理解だ。

神と人間と二人三脚で生きていくということだ。どちらか片方でもこの生は存在しない。

それをブッダは「縁起の法」と呼んだ。

一切は「寄り集まって出来ている」ということだ。個だけで存在するものは何一つないということだ。神でさえ人間を必要としているのだ。

つまり、神と人、人と人とが仲良くやっていくということだ（ここでいう神を仏と呼んでも、宇宙と呼んでも、法則、全体、存在と呼んでも構わない。呼び名がないので神としただけ）。

話を思考に戻そう。まずよく知り、理解しなければ。

あなたは自分の思考だけを頼りに、あーだこーだ考え続ける。そしていつも混乱している。メチャメチャだ。確かにあなたには傾向はあるだろう。体験に反応する、ある傾向はあるだろう。それを我とか自分とか個性とか呼んでいるだけなのだが。しかし、そこにははっきりした法則は見いだしがたい。そこには正しさと呼ばれるものはない。

正しさとは一貫した調和のある流れということだ。

正しさとは全部ということ。

正しさとは自と他の二つということ。

正しさとは左と右、陽と陰、好きと嫌い、善と悪、生と死、一切の反対のものを和することだ。

だが、あなたは判断する、選ぼうとする、区別しようとする。それもどんな基準も持っていない状況で……

あなたは「自分を基準に判断している」というかもしれない。だが、あなたはその基準を持っていない。そして理解していない。

だからあなたには確固とした基準はない。混乱する。あなたが今のあなたの思考とごちゃごちゃになってしまうとき、大いなる混乱がある。混乱は静けさの反対のもの。至幸と反対のものだ。試しに紙とペンを持ってじっと座り、頭に浮かんだことを書き留めてごらん。細かくそして正直に書いてみてごらん。後でそれを読めばどうなると思う？　あなたは顔をそむける。いやになる。これがもし自分だったらどうしようと思ってしまう。正直に細かく書けば書くほどそうなる。とてもまともじゃない。この紙は他人には絶対見せられない。まるで連想ゲームだ。それもメチャクチャの。

あなたはありとあらゆることを考えている自分を知る。そしてそれらはつながりも一貫性もない。何の根拠もない。バラバラだ。

現れては消え、現れては消え、決して一つの思いが長く続くということはない。エゴは一つのことを長く保つことはできない。すぐに飽きてしまう。そして次々と興味の対象を変え続けていく。

そうすると、どうなる？　本当に気が狂ってしまうかもしれない。実際にたくさんの人が精神障害を起こしている。あまりにも思考に偏り過ぎているからだ。あなたが主人なのに、思考の奴隷になっているからだ。あなたにはその思考から逃れる何かが必要になる。しゃべり続ける思考。一貫性のない、あーでもない、こうかもしれないと言い続ける思考から、少し離れて静かになりたいと思う。さもなければ気が狂ってしまうだろう。それが、その逃避が、酒やドラッグやタバコやジェットコースターやTVや映画やスマホだ。

酒はあなたのしゃべり続ける思考を少し静めてくれる。少なくともそう感じられる。緩慢な判断の中で、あなたは思考をそれほど深刻にとらえられなくなる。一つ一つの思考を相手にせず、気楽になるのだ。

自分の思考から解き放たれた時、人はリラックスするのだ。それ以外ではない。それを平和とか自由とか至福とか呼ぶのだ。

音楽を聴く、テレビをつける、ジェットコースターに乗る、眠る……。それらは自分の思考からの逃避なのだ。だから気持ちがいいのだ。そして、それが瞑想のすべてなのだ。

さらに、あなたが「見ていないとき」、「意識的でないとき」、あなたはあなたの感情と一緒くたになってしまう。

激しいそのエネルギーはあなたを破壊する。その怒りのエネルギーはあなたをメチャクチャにする。強い悲しみは、あなたの胸を張り裂けさせる。快感はあなたを夢中にさせる。

だが、すべては「現れてしばらく留まりそして消えていく」のだから、あなたはあなたの感情のメカニズムに従い、そして振り回される。感情には感情のメカニズムがある。肉体には肉体のメカニズムがある。あなたは感情に巻き込まれ、くたくたになる。感情の行くところならどこへでも連れ回される。

恋は苦しい。それはそうなのだ。あなたは自分の感情の奴隷になっているだけでも大変なのに、今度は全く他人の感情、思考の負担を強いられるのだ。

恋がいけないと言っているのではなくて、その性格を言っているだけだ。すべては多面性を持っている。たった一つの意味しか持たないものなど、この宇宙には何一つない。恋もまた、我々に多くの学びを運んでくる。

恋はこの型にはめられ、きゅうきゅうとしている我々に、「生」を「生き生きとした生」をもたらしてくれる。

「恋」と「生」は似ている。どちらも予見不可能だ。どちらも不安定で危険なものだ。どちらも動き続け、形を変え続ける。

話を戻そう。あなたが「見ていないとき」、あなたはあなたの肉体、思考、感情と一緒くたになってしまうということ。

あなたは何回も思い出さなければならない。決して長い間無意識であってはならない。

我々は、同じ次元で同じことを繰り返すことができないところへ来ているのだから。あなたが「見ていないとき」、あなたは何一つ知らない。あなたのエゴがあなたをもっと遠くへ、もっと早く、もっと多くのことで、引っ張り回すに任せるしかなくなる。

あなたは眠りこけている。本来は一切の主人公、全存在の最終決定権を持つ神であるあなたは、今は哀れな奴隷だ。

もしあなたが今、この一瞬目覚めて「見る」なら、あなたは一切を知るだろう。

たとえ病院のベッドの上にあっても「生」を知るのだ。

生は、そこにある。

生は、どこにでもある。

生は、いつでもいつまでもある。

生は、あなたの意識と共に存在するのだ。

それこそあなたが逃し続けてきたものだ。

それこそあなたが叫び続け、求め続けたものなのだ。

あなたが誰であろうと、どこにいようと、何をしようと、一切が正しい。ただし「見守り続ける注意深い意識」があればということだ。

問題はあなたがどこへ行って何をやるかではなくて、「どう在るか」だ。すべてはそこにかかっている。

意識的であるなら、気付きがあるなら、すべては生に満ち満ちている。死など全く知らない。ただ生だけがある。だが、あなたが「見ていないとき」、一切は闇の中だ。古いもの、死んだものだらけになってしまう。

すべては、ただあなたの古い思考（思考は常に古いものだが）から出てくるものばかりだ。

それは過去だ。生きていない、生きていたものだ。それは決まりきったもの。すでに知ってしまったもの。

それは繰り返しだ。それは飽きる。もう新鮮ではない。そこから創造はない。人はすでに知ってしまったものに、いつまでもしがみついていられるものではない。そんな死んだものをいくらかき集めてみたところで、ガラクタはガラクタだ。役に立たない。むしろ邪魔だ。

あなたの部屋が使い古しのガラクタでいつもいっぱいだったらどう感じる？　とてもやりきれなくなり、息苦しくなり、放り投げてさっぱりしたくなるだろう。それがあなたの人生で、あなたがやってきたことだ。

あなたは生に安定や安全だけを求めてきた。だが今、あなたは知った。この宇宙に同じものなど一つもないし、変わらないものなど一つもないことを。まさに「生」もそうなのだ。

それがその素晴らしさなのだ。

それがその美しさなのだ。

あなたは生を生きてこなかった。

だからなおさら死が怖い。

せっかく生まれてきたのに幸せじゃなかった。あなたにはもっと時間が必要だ。今までですべてを我慢して、将来のために、未来の幸せのために「今」を犠牲にしてきたのだから。あなたは一度も「今」を幸せに生きたことがなかった。いつか来ると思っていた安定や幸せはまだ来ていない。何も味わってはいない。だが死は宣告されてしまった。あなたは怖い。あなたは悲しい、悲し過ぎる。あなたの人生は一体何だったのだ。思い残すことばかりだ。

だが、すでにすんでしまったことはすんでしまったことだ。

これからどうする？　死ぬまでは少しだけ時間があるみたいだし。

あなたにはすべてを知る時間は充分に残されている。しかし、同じ無意識の時間を繰り返す時間は残されてはいない。それでも捨てたものではない。あなたがそうやって生きてきたすべてが、あなたを今ここまで導いてきたのだ。

あなたを気付かせるためにすべての経験は必要だった。

そして、この段階へやってきた。あなたは「真の自己」を、「真の生」を知るという次元へやってきたのだ。

「見る」という最高の神秘のカギを今、手にしようとしている。

あとはあなたが自分の手で受け取ってカギを回すのだ。そしてドアを開くのだ。その向こうに何があると思う?

あと残されたわずかばかりの人生。一度思いきり生きてみようじゃないか。一度でいい、「生」を味わってみようじゃないか。一度でいい、「今」を知ってみようじゃないか。

それはこの瞬間に可能だ。

「見る」ことだ。今ここで、見る、見守り続ける。

どんどんどんどん力を抜いて、意識の塊になっていくのだ。

あなたにはできる。死が応援してくれて、今までの全体験が助けてくれる。たった今この瞬間、悟れるのだ。

あなたはブッダに、神に、仏になりうる。

だってはじめからあなたはそれなのだから。

思い出してごらん。あなたが一体何なのかを。

自己と全体を見守り続けるのだ。

何かをやってはいけない。それじゃ台無しだ。

ただ何もせず、どこへも行かず、静かにすべてを見守ってごらん。今、ここで。

この宇宙は、とてもとても小さなものたちが集まって出来ている。まず小さなものから始めてみよう。

あなたの動作をゆっくりと見てみる。始めから終わりまで。

あなたの呼吸をずーっと見守り続ける。その一つ一つをはっきりと、大切に。

あなたの思考の一つ一つの「現れ」と「消滅」を。

近くの椅子の「カタッ」という音、遠くの車の音、風の音、鳥たちの声、太陽の光、自分の感情の動き、他人の感情や表情、近づく足音。

力を抜いて注意深くあるのだ。

あなたは驚くだろう。

あなたは気が付く。

あなたは知るようになる。

「生」を、「その驚きと新鮮さ」を、「この一切」を。

我々は逃し続けてきた。

花々が語り続ける優しい言葉を聞こうとしなかった。

我々は今までどこか素晴らしい場所へ行くか、何かをするか、何かを手に入れるかしなければ幸せじゃないと思っていた。誰一人たどり着いた人はいないというのに。

今自分に訪ねてみよう。そうやって生きてきてどうだったのかを。どうにもならなかったじゃないか。

その結果、死を目の前にしてガタガタ震えている。どうやって生きるかを知っているものだけが、どうやって死ぬかを知っている。生とは何かを知るものだけが、死とは何かを知るのだ。

存在はとても気前がいい。全宇宙はケチじゃない。いつでもどこでもあふれにあふれていて……

あとは我々が、それを見ればいいだけだ。

あとは我々が、それを知ればいいだけだ。

あとは我々が、それを生きればいいだけだ。

あとわずかな時間、地球という星に肉体を持って生まれたことを感謝しつつ、見守り生ききってみようじゃないか。

あなたはすぐに違う次元にたどり着く。思考以外の次元のあることを知る。

あなたは力が抜ける。知れば知るほど、自然に力が抜けてくる。

理解が訪れるだろう。成長はどこまでも続く。

「知るもの」は抜け落ち、「知る」ことだけがある。

「生きるもの」は抜け落ち、「生」だけがある。

おう、何という自由。何という静けさ。何という喜びだろう。

一切はあなた次第だ。

このまま無意識に死を迎えることもできる。同じことをぐるぐる回り続ける自由もある。

しかし、本当にこの時を真の学びの場としたければ、あなたはそれができる。その能力と権利がある。

他の人々を憎み、不満、不満で地獄へ行くのも自由。自分を許し、人を許し、感謝し、祈りで生き、そして死に、愛のある世界へと旅立っていくこともできるのだ。すべてはあなたの想念のままだ。

あなたはどっちにする?

あなたがより高い次元へ成長したいのなら、この肉体だけが私だという思いを何とかしなければいけない。肉体とあなたが一緒の時、一切は地獄となるのだ。

ここでちょっとした想像力を働かせてくれないか。

「あなたはすでに悟った」「私は肉体でないと知った」「我は自由を知った」「自分は愛、光そのものだ」

あなたはすでに死を離れた。もう肉体への執着は消え、生きることもなく死もなく、また、生きるも自由、死ぬも自由だ。ただ静けさと喜びの塊だ。

そうなると、あなたはどうする。どう生きてどう死ぬのかな? あなたはどんな心で、どんな言葉を話し、どんな行動するだろう。

人が肉体、つまり物質を離れたらどうなると思う？　そりゃもうすべてがひっくり返ってしまうと思わないか？

肉体じゃないのだから、もう食べ物を取る必要はない、飲む必要もなくなる。ましてそれがうまいかまずいか、多いか少ないかなど問題外の外の外だ。

どんな物質も金も地位も権力も……もうかき集める必要はない。だって何の役にも立たないのだから。

あなたが欲しがり、しがみつき、かき集めてきたものは、もう色あせてしまった。

しかし、それでもなお「生きている何か」だとしたらどうなると思う？　どう生きる？

その時違ったものが見えるとは思わないか。その時、幸福が、愛が、成長が、純粋さが残るだけじゃないのかな。

あなたが「私は肉体」という想念を離れた時、愛だけが残る。だってあなたは、あなた自身のためにやることはもう何もないのだから。

あなたが自分の肉体に対して関心がなく、もう何もすることがなくなった時、愛と光があふれだす。我々は、肉体の執着、肉体への想念を超えた時、初めて生の何たるかを知る。

とすれば、そう生きてみようではないか。

一切の「正しさ」といわれるものと共に、生きてみようではないか。

我々の目から真実を隠していたものは、肉体へのあまりにも強い執着だったのだ。それは「錯覚」、それは「夢」なのだ。

正しく生きる者のことを、ブッダは「この死に行く者の中にあって、死なないもの」と呼んだ。

それがもしダメだったからといって、何も失うものはないじゃないか。

どうせもうすぐ死ぬのだし、あとわずかな時間、神様を演じてみるのも悪くないじゃないか。

あなたは生きてきて人間以外の役をやったことがなかった。最後にどうだろう、仏か神の役、それも主役になってみては？

もちろん、あなたは悪魔の役だってできる。あなた次第だ。あなたは悪魔にはなれないが、その役を演じることはできる。どうせなら楽しい方がいいだろう。

そうやって目覚めて正しくあろうとして生きてダメだったら、それはあなたのせいではない。あなたの責任ではない。宇宙全体に責任がある。

もし正しく生きて、正しく生きようとしてダメだったら、こんなところはさっさとおさらばしようじゃないか。

正しく生きるということがすべてだ。その中に一切が含まれる。その中にすべての次元が含まれる。

正しさの中に一切があるのだ。

正しさの中に、神も悪も、正も邪も、陽も陰も、生も死も、自も他も、時間も空間もといった一切のものがある。

そこへたどり着くたった一つの道。

それが瞑想だ。

それが見守り続けることだ。

瞑想はゴールではない。

ゴールは尽きることのない歓喜の連鎖だ。
あとは「気付き」だけだ。

登り口と
登り方は違う、
必ず違っているのだ

かつてブッダより数えて十五代目の師であるインドのボダイダルマ（菩提達磨）は、ただただただたった一人の道を継ぐ者を求めて、中国へ渡った。師は「理入行入」といわれたという。つまり「知の道」からも人は悟りへ至るということ。そして「知りかつ行う」ことによって、人は達成するということだ。

道は無数にある。正確にいえば探求者の数だけ道がある。あなたの通ったあとが道となる。他の人の通ったあともまた、道となる。しかし、それをあなたが通っても、決して頂上には届かない。もしそうなら、この宇宙が存在している理由はない。

ある者は、知るという、理解するということで彼方なるものに至り、ある者は「行い」「修行」「正しい生活」「奉仕」によって輪廻を超え、ある者は「呼吸法」によって、ある者は「座禅」「瞑想」によって自己を知り、永遠に至る。またある者は「見る」ことによって「意識的であることによって不死となる」。正確に言えば、不死であることを知る。

ある者は祈りによって、ある者はこの世の人間体験を強烈にやりつくすことよって静寂に至り、ある者は何もしないことによって存在を知り、ある者は信頼を通じて神に抱かれる……。

さらに、もし少しでも早くたどり着きたいのなら、師は不可欠だ。師はあなたの輪廻を十分の一、百分の一にしてくれるだろう。あなたは何回もの生を、何百年、何千年もの時間を節約することができる。

しかし、その師にしても、あなたに合う場合と合わない場合がある。その師の悟りがいかに本物であっても、あなたには伝わらないこともある。実際、そのマスターの悟りへのプロセスは、そのマスターだけのものであり、かつ、ただ一度だけこの宇宙に起こったことだ。だから参考にはなるが、同じ方法であなたがたどり着くことはできない。

悟りは同じでも、そこへ至るアプローチ、プロセス、タイミングはすべてユニークだ。ユニークとは「唯一つ」、「全く個性的」ということだ。だから師は、たどり着いたらどうなるかを示すことができるが、そこへどうやってたどり着くかを示すことはできない。それはあなただけのものであり、あなた自身が発見しなければならないものである。

この宇宙はそれほどまでにあなたに配慮しているのだ。あなたがあなただけの生を生きられるように。

どんなに素晴らしいものであっても「まね」であっては真の喜びはない。あなたが自分で自分だけのものを発見した時の喜びは、最高のものだ。だから師も教えもあなた次第だ。この道に完全なマニュアルというものはないのだ。

かつてダルマはなぜ中国へ行ったのか、なぜ行かなければならなかったのか。それはたった一人の後継者を探すために、その稀なる存在に出会うためにだ。

禅では「滴々相承」といって、一つの器に盛られた水が一滴も漏らさずに移されることによって道を伝えてきた。師の悟りを余すことなく受け継ぐ大器によってのみ、その道が伝えられるのだ。

悟りとはあまりにも完璧で、あまりにも深遠なために、禅では必ず一人がその道を継いできたのだ。

ブッダ、カショー、ダルマ……、次に中国へ移り慧可《えが》、それから数えて六代目の慧能の時、北禅と南禅に分かれてしまうのだが、正統とされる南禅の系のブッダより数えて五十二代目の如浄より日本の道元は道を継いだとされている。

悟りとは生き物なので、何ら固定したものを持たない。それは理論や教義ではない。だからどんな経典の中を探しても、それは見つからない。

ただ生きた人間として表現されるのみだ。悟りそのものもまた、成長している。形なき形を変化させ続けている。

動かないもの、変わらないものは悟りではない。真理ではない。変わらないものは、死んだものだけだ。だからそれを理解した人、悟った人は、思い思いにそれを表現してきた。それが人々にしっくりさせたり、混乱させたりしてきたのだ。

禅の中にもいろいろあるが、臨済宗と曹洞宗の例をとれば、前者は僧が向かい合って座るし、後者は壁に向かって座る。前者は公案（いわゆる禅問答）を用いる。

例えば「両手で打てば『ぱん』という音がするが、片手ではどんな音がするか」

「川の中の小石を手をぬらさずに取ってみろ」

「犬には仏性があるかどうか」

すべて思考や判断では手に負えないものだ。なぜならその思考の外に出ることが目的なのだから。あなたの古いパターン、あなたの知識、そこからくる判断、それらでがんじがらめになっているものを解き放つのが目的なのだ。自分でつくり上げた妄想、概念から目覚めさせるだけだ。

ひたすら体験されるしかないこの実相、リアリティーを今、ここで生きられるようにするのだ。それは難しいことではない。しかし簡単でもない。ただあなたの先入観、色メガネをはずして、この実相を見ること、生きることだ。

いまここに生きるには、どうしても一度は思考というものの外に出てみる必要があるのだ。その体験がなければ、あなたはすべてを、あなたの思考と判断を通して見てしまうからだ。それは事実ではない。生の新鮮さはもう失われているのだ。

今ここにあるものを、どうやって考えたり表現したりできるっていうのだ。そのままでとてもおいしいのに、わざわざ腐ったソースをかけるようなものだ。ばかげている。そうやって我々は生を逃し続けていた。生はこんなに生き生きしているというのに。

鳥は歌っている、木々は踊っている、というのは、そういうことだ。彼らは自然だ。自然と共に流れている。決して遅れもしなければ先走ることもしない。彼らには思考はない。だがハートはある。それで充分だ。思考がないので比較がない。思考がないので時間がない。ただいつも全体と一緒に流れているのだ。

修行僧が一つの公案を与えられる。彼は来る日も来る日も頭をひねくり回す。しかし、決して答えは見つからない。はじめから答えというものはないし、それが答えなのだし。かわいそうなその僧は、そのちっぽけな自分の頭だけで答えを探る。見つからない。あきらめようとすると、師の拳が、棒が飛んでくる。

それは、ちょうど真っ赤に焼けた鉄の玉を飲み込むことも吐き出すこともできない状態にたとえられる。

それはまた、違う次元の何かが花開いた現象、そしてその表現でもある。それは一回限りのものだ。

だが、驚いたことに日本の僧院では、今でもこんなことが行われている。禅問答、いわゆる公案に、ちゃんとした答えや答え方があるというのだ。

師が接見（個人的な面談）において、何百年も前にただ一回表現された公案を授ける。そして弟子は決まった言い方で答える。それで何かが証明されたというわけだ。

禅には多くの書がある。不立文字をうたう禅に、実に多くの書が残されている。

例えば「隻手《せきしゅ》の音声はいかに」と師が問う。僧は速やかに前へ進み出て、師のほほを打つ。その音がそれだというわけだ。うやうやしく礼をして下がり、その弟子を認めるというわけだ。ばかげている。この世には一回限りの瞬間以外存在しないのだ。その問いも、何百年も前のその師とその弟子の器量の一回限りのものなのだ。

それは生きていた。

それは生き物なのだ。

それは素晴らしい表現、コミュニケーションだった。だがそれを文字にとどめ、伝え、同じことを後世で繰り返したとしても、役には立たないのだ。それはすでに済んだもの、古きもの、死んだものだ。もしそれを扱えば、扱った人も輝きを失い、色あせてしまうだろう。日本の僧院のあの重苦しさはそこからくる。すでに終わったもの、死んだものを大切に抱えていっているのだ。

今ここを自由に生き生きと生きることが禅のすべてだ。「とらわれない」ことこそ、悟りそのものなのだ。

真の自己を探求し、発見し、それと共に正しく生きることが仏道のすべてなのだ。公案は生きているべきだ。

一切の問いはこうだ。

「真理とは何か」、「本当のお前とは一体何なのか」、今ここですぐに答えよ。

それは必ず思考や判断を超えたところで表現されねばならないのだ。

それは生きたものと生きたものの爆発だ。その時そばにいたものが書き留め後世に伝えようとしたのだが、それはできない。生きているものを文字にとどめることはできない。

それが多くの宗教の中で起こっていることだ。それを理解しない。多くの宗教者は、死んだものを抱えて歩く。その大きな原因は「真の生きた師」が少な過ぎるからだ。

真実の道は生きた師を必要とする。それだけが真理を伝える唯一の方法だ。真理、悟り、至福は、あまりにも無限で生き続けているので、人間以外それを表現できるものはないのだ。

禅では一人の僧が一人の後継者を大切に育ててきた。それが師の最大の仕事だった。それ以外悟りの全体を伝えるすべがないのだ。

そしてその師ごとに、その表現はみな独特なものだ。それらは、その時だけの、その人だけのものだ。

他の人は、弟子は、まねをすることはできないし、またその必要もない。あなたはあなたの生を生きる。我々には我々独自の生を表現する権利と義務があるのだ。臨済は臨済の、ダルマはダルマのやり方があるのだ。臨済と共にあった何人かの弟子は達成しただろう。

臨済は弟子が「真理とは一体何ですか」と問われた時、三十棒、五十棒を食らわせたという。それは「お前だ」「お前自身だ」ということだ。こんな直接的な答え方があるだろうか。実に見事なものだ。

またある時は「カーッ」と一喝して目覚めさせたという。つまり「起きろ」ということと、「いつまで眠りこけているのだ」ということだ。

ただエゴを沈め、思考を落としさえすれば、そこにいつでも光り輝いているじゃないかということだ。

曹洞宗では只管打座《しかんたざ》だ。ひたすら座るのだ。それはその開祖洞山のやり方だった。それを道元は学び、そして伝えた。

ただ座る。ただ座るといったら座るのだ。

それはとても難しい。特に現代のように、ガラクタを頭いっぱいに詰め込み続けている我々には、何より難しい。何もしないなんて。だが、それが易しい人もいる。あなた次第だ。

親鸞は何も難しいことを言わなかった。ただただ南無阿弥陀仏と唱えれば極楽往生できると説いた。

その時代はそうだったのだろう。戦乱の続く鎌倉時代の人々は、この世の地獄に生きていたのだろう。人を救うべき仏教は貴族や武家のものとなり、深遠な教義は無学な庶民には程遠く、みな助けを求めていた。

いつの世も、どこにおいても、大衆とはより簡単なものにしか近寄らないものだ。そして真理とはまさにそうなのだが。

親鸞は、今目の前の人々を救いたかったのだろう。彼は反省に次ぐ反省、自己嫌悪に次ぐ自己嫌悪によって「明け渡し」「お任せ」「ギブアップ」に至ったのだろう。彼は自分では、人間の力ではどうしようもないことを知った。そして祈ったのだ。

自己を見つめれば分かる。何をやってもそれはエゴ。それは計算。それは醜い。その繰り返し。でもどうしようもない。どうしてもエゴを捨てられぬ。自分ではどうしようもないのだ。何かもっと大きなものに委ね、祈る以外にないと知るのだ。そして弥陀の本願に、つまり宇宙の意思、大いなる愛に任せるのだ。まるで赤ちゃんのように。

そして彼は知った。「信頼」というものを。この宇宙は決して私を悪くしない。見捨てることはありえない。彼の信とは信頼のことだ。その信頼が人をリラックスさせる。徐々に自分の考え、努力、エゴを落としていくようになる。

そして人は宇宙の流れに身を浮かべ、流れる。泳ぐのではなく、ただ浮かんで宇宙と共に流れていくのだ。宇宙の行くところならどこへでも行くのだ。

祈るのだ。祈りは届く、どこまでも。どの次元へも。「よく見ればすべてはこの親鸞のためなり」――彼は無限に降り注ぐ愛を知ったのだ。そして握りしめていた手を初めて開き、閉じていた心を開き、喜びに浸ったのだ。

ナーガールジュナ（龍樹）は「中」を説いた。日本では八宗の祖として知られている。混乱していた仏教を見事に体系づけたからだ。彼の論説をもとに多くの宗派が生まれたというわけだ。彼は、当時のインドのどのような論客にも負けなかったと記されている大天才である。

「中」とは、この多次元の生においてバランスを取るということ。調和させるということだ。それが人間の使命であり、役割である。つまり「神と人間」、「仏と人間」、「左と右」、「陽と陰」、「善と悪」……それらの二元のものの調和ということだ。

次のようなブッダに関する話が伝わっている。

ある者が問う。「神はあるか？」

ブッダ曰く「ない」

またある者が問う。「神はあるか？」

ブッダ曰く「ある」

ある者が問う。「神はあるか？」

ブッダ曰く「ある時はあり、また、ある時はない」

つまり、その人が頑固な「神信者」ならそれを解き放つためにそう答える。ブッダは彼に気付いてほしかったのだ。ブッダは、彼に、神ではなく、真理へ導きたかったのだ。真理とは「すべて」ということ。「真実」ということ。「今ここ」ということ。「あなた自身」ということだからだ。それは、何か固定されたものではないということ。それは「信じる」ということではないということ、それがたとえ神であっても、「何ものにもとらわれない」ということだ。自由ということ、自由こそ神ということ、それはあなたの概念、知識、判断とは何ら関係がないということ、それは「柔らかく生きる」ということ、それは愛の中に生きるということ、それは「あなたを許しすべてを許す」ということだからだ。

次の人は無神論者だった。

その次の人は懐疑論者だった。

ブッダは彼らの「固定観念」「とらわれ」を落としたかったのだ。何につけ偏ってはいけない。ブッダは言う。「人は快楽によっても、苦行によっても達成できぬ。彼岸には至れぬ」。

常に柔らかく生き、自己をよく制御し、バランス、調和で生きることだ。それをブッダは「正しさ」と呼ぶ。

しかし、肉体、エゴを持つ人間が正しく生きる、つまり調和で生きることは少々困難が伴う。

お腹がすいたら食べるのがよい。でも食べ過ぎは良くない。食べないのも良くない。必要なときに必要なものが必要なだけ、それが「中」、それが正しさだ。

生きているということは動くということだ。だから、もし状況がそうならそうすることだ。のびのびと柔らかく行為することだ。生を生き、生を生かすことだ。

苦しいときは苦しみ、楽しいときは楽しむ。やるときはやり、やらないときはやらない。生きるときは生き、死ぬときは死ぬのだ。それ以上でもなく、それ以下でもない。

過去と未来を気にせず、今ここを十全に生きる。ヴァスヴァンドゥ（世親）は、唯識を説く具舎論の著者だ。唯識、つまりただ意識だけがある。

見る者と見られる者。それが徐々に見る者、つまり純粋な意識へと凝縮されていく。

我々は、意識的であることによって肉体を超えた何かの存在を知る。すべてを体験している、それを知覚している何者かを知るのだ。一切の原因を知るに至る。それは多次元であり無限である。徹底した意識の探求、それが彼の道。

あるものはヨーガの道を通して至る。ヨーガとはつなぐという意味だ。心と体をつなぐ、自我と大我（宇宙我）をつなぐ。つまり迷忘、我によってバラバラになっているものを調和させることだ。自己と大宇宙はつながっている。一つであるということを瞑想によって直接体験することだ。

それはインドの長い歴史の中で体験され証明された、科学的事実の積み重ねでもある。

その歴史は古い。とても古い。ヨーガを否定することはできない。ヨーガは宗教ではない。教祖もいなければどんな神とも関係ない。どんな儀式も祭司もない。ただの事実の積み重ね、その総体系をヨーガと呼ぶのだ。だからその科学は、すべての人が学ぶことができる。多くの宗教がヨーガの恩恵を受けている。かすめ取り、まねをし、取り入れている。

かのブッダの修行もほとんどがヨーガだ。そしてその洗練されたエキスが座禅だ。

だから座禅とはブッダが編み出したものではない。

世界中の多くの宗教が、その修行のほとんどをヨーガに源を発している。しかしヨーガそのものは宗教ではない。それは信じることではなくて、理解するという「道」なのだ。

パタンジャリはそのヨーガを体系づけ整理して、いくつかのものに分けたヨーガスートラをあらわした。その最高峰がラージャヨーガ（ヨーガの王）といわれる瞑想だ。だが、現在日本にあるたくさんのヨーガ教室は、そのほとんどがハタヨーガといわれるものだ。日本でそれは、ほとんど健康体操のようなものになっている。そしてそこから一歩も先に進もうとしない。その大きな原因は「師」にある。

ヨーガもまた、真の師から伝わる。教師ではダメだ。ヨーガもまた、深い部分ではテクニックなんかじゃないからだ。それは師の存在から伝わる芳香のようなものだ。さあなたがもしヨーガの道の近くにいるなら、すぐに正しい師を探し求めることだ。さもないとあなたは、大切なものを取り逃がしてしまう。そして途方もない時間を無駄にすることになる。

しかし、正しい師を知ることもまた、容易ではない。なぜならあなたに成熟さがなければ、あなたに熱心な探究心がなければ、あなたに純粋さがなければ、それはとても困難なことになるだろう。

そこで少しの助言をさせてほしい。チェックポイントだ。

一つはその師が静かであること。言葉や理論を超えて静かであること。

一つは恐怖によってあなたを導こうとしているかどうかだ。

多くの人々が、宗教・政治を問わず人を恐怖によって服従させようとしてきた。どんな恐怖であっても、そこから法を説くものは真のマスターではない。

愛から、静けさから、許しから、元気付けから、法を説くもの。

恐怖によって語られるもののすべては、あなたを服従させることを目的とするものだ。

恐怖から始めて悟りへ至ることはできない。恐怖から始めたら、恐怖以外どこへもたどり着けない。なぜなら、悟りとは「明け渡し」だからだ。エゴを落とし、リラックスし、どこへ行く必要もなくなった時、ひとりでに訪れるものだからだ。それがどんなものでも感謝して受け入れ、生きることだからだ。心を開くことだからだ。

恐怖におののいているものが、どうして心を開くことができよう。どうしてこの全体を明け渡し、喜ぶことができよう。愛し、許し、助け合うところに真理がある。決して恐怖から始めてはいけない。

「地獄に行くぞ」「悪くなるぞ」「カルマを積むぞ」という言葉によって、どれだけの人々の心が縮み上がり、おびえ、他人にひきずり回され、服従させられてきたことか。それは哀れな奴隷の歴史だ。恐怖という鎖でがんじがらめに縛られた奴隷だ。

そのようなところから、一体誰が愛を知ることができるというのだ。

恐怖は恐怖を生む。そしてそれは自己増殖していく。

憎しみは憎しみを生む。そしてそれは自己増殖していく。

愛は愛を生む。それはひとりでに大きく成長していく。

善であれ、悪であれ、何であれ、生まれたものは成長していこうとするのだ。だからあなたの心に充分気を付けることだ。正しい思いがすべての出発点だということだ。

さらにあなたは、特別な方法ではないやり方で探求する。それもよい。いや、実はそれが最高なのだが。あなたは今そこで生きている。これまで多くのことが起こってきた。そして今も起こり続けている。

あなたは会社に属している。上司もいるし、同僚もいる。部下もいるだろう。そのすべてにおいて関係が存在している。その関係は一様ではない。そして常に変化し続けている。だからあなたはその一つ一つに対して、常に新しい判断と工夫が必要となる。

すべての人間関係において、その工夫、その努力が止まれば、すべてがギクシャクしてくる。なぜなら「関係」とは常に動き、新しくなりつつあるのに、あなたは古いままで固定されているからだ。

そこで苦しむ、疲れる、また時に喜ぶ。そのすべてが学びなのだ。

あなたは家庭を持っている。そこにも多くの関係がある。そのすべてが動き続けているのだ。変化し動かないものなど、この宇宙には何一つない。ケンカしたり、仲良くしたり、面倒であったり、寂しかったりの中で、あなたは生きてきたし、今もその中で生きている。その一つ一つが生だ、学びだ。

あなたは自分自身ともまた、関係を持っている。時に好きになったり、嫌いになったり、自信があったり、頑張ったり、さぼったり……。それもまた、常に変化し動いている。

あなたは留まろうとする。安定させようとする。安全にし、楽にしようとする。そしてすべてが安定したように思った時、ちょうどきっかりとその時、虚しさと退屈が起こる。

やりきれなくなり、また動き始める。そして疲れ休もうとする。そして……その全体が素晴らしい成長と学びの連続だ。

我々は今ここにあって、すべてを学ぶことが、知ることができる。我々は旅をする、あらゆるところを。内側の世界も、外側の世界も。外側の体験も役に立つ。そして外側とは何かを知っていく。

あなたを師とし、あなたを学校とし、あなたを天国とし、あなたを地獄とし、あなたを友とし、また敵とし……。あなたをすべてとし、今、ここを生きる。

それこそ至高の道だ。

また、ラマナ・マハリシの道はこうだ。

彼は、一切の物事に関して、一切の自分の内と外に起こる現象に関して、ただ一つの「問い」によって人々を導いた。それは「～と誰が思っているのか」だ。彼はこのたった一つの問いによって人々を至福へと、静寂へと導いた。

あなたもやってみるといい。とても簡単だ。

あなたに起こる一切のことに対して、「～と誰が思っているのか」を、その一つ一つにおいて尋ねてみることだ。

繰り返し、繰り返し問うのだ。まもなくあなたは別の次元にいることに気が付くだろう。彼はこれを「知の道」と呼んだ。彼によれば、この「知の道」こそ最上のものだと言う。

この問いかけ、このたった一つの問いによってヴェールは剥ぎ取られ、真理が顔を出す。

彼のアシュラムには多くの弟子たちがいたのだが、落ち葉の音が聞こえるほど静かであったという。ただただ静寂がアルナチャラのアシュラムを包む。この世に咲いた一つの究極の花だ。

彼のアシュラムでは、人々ばかりではなく、鹿も猿も虎もとても静かであったと聞く。

ぜひやってみることだ。一つ一つのものに対して「〜と誰が思っているのか」を。

やがてあなたは、知ること、理解することを通して、静かに消え失せるだろう。

静けさだけが、ある。あなたが消え去ったあと、ただただ真のあなただけがある。

また、祈りの道がある。

真の祈りは感謝だ。あまりの幸せにあふれ出る感謝だ。

真の祈りは「愛の広がり」だ。

祈ることだ。心から祈ることだ。あなたのことだけでなく、家族のことも、友人のことも、人々のことも、一切のことを祈ることだ。

祈りは届く。祈りは真理へと通じている。

本当のあなたというものは祈りだ。あなたが祈るのではなく、祈りそのものがあなたなのだ。

言葉、想いは実在だ。むしろ物質よりも実在だ。なぜなら物質は結果でしかないからだ。原因は想い、言葉だ。だから想いは物質や現象の生みの親なのだ。

我々は物や手足で相手を傷つけるのと同じように、言葉や想いによって人を傷つけることができる。そしてあなたもまた、それによって傷を受ける。実際、その経験は誰もが持っている。相手のたった一言が、何年もあなたを苦しめるということはよくあることだ。

それは「物」だ。物は空間しか持たないが、想いには時間もあるし、広がりもあるのだ。そのことを知るべきだ。それはどちらにも使うことができる。愛にも、偽にも。あなた次第だ。あなたの言葉、あなたの想いによって多くのものを救い、癒やし、良くすることができる。あなたの想い、言葉によって傷つけ、破壊することもできるのだ。

人は知らない。言葉や想いなど何の役にも立たないと思っている。そうじゃなかったんだ。逆なのだ、全く反対なんだ。

言葉、想いが最初の原因なのだ。エネルギーの充満しているこの大宇宙に、「現象の核」をつくらせるものなのだ。

想いはどこまでも届く。

想いがエネルギーを集め、現象化や物質化していくのだ。高次元になればなるほど、その時間は短縮され、そのパワーは大きくなっていくだけのことだ。

あなたが憎み、怒り、不幸を願うなら、現実はそうなっていく。あなたが許し、助け、愛し、祈るなら、そうなっていくのだ。

あなたが一切の創造主なのだ。あなたこそすべての決定権を持つ、唯一の神なのだ。祈るがいい。正しく、優しく、強く、誠実に。

五井昌久先生は祈りの道だ。私もどれほど先生の祈りで癒やされたことか。あまりの優しさに、私のエゴも、不安も、不幸も、皆とけてしまったのを覚えている。先生には会ったことはないし、すでに亡くなられているが、私ははっきりとその愛と祈りを実感することができる。

すべての人が幸せでありますように。

この地球が平和でありますように。

真に祈る者は、多くのものを創造するエネルギーを出しているだけではない。宇宙からは偉大な光がやってくるのだ。その何倍もの。

祈れば祈るほど満たされると感じるのはそのためだ。あなたが祈る時、空っぽになって祈る時、何か聖なるものがあなたに注ぎこまれる。

あなたの祈りと宇宙の意思が同じ波動のものなら、宇宙はあなたを助けるために全力をあげるのだ。

あなたは宇宙と一緒になって、すべてを良くしていくことができるのだ。

祈りとは創造だ。

そして愛とは真の創造だ。

とにかく、登り口は無数にある。探求者の数だけある。似ているものはあるが、同じものはない。

登り始めることだ。登ることを決心することだ。ふもとをぐるぐる回ることはもうやめることだ。そして本当の自己を知ることが頂上だ。それがすべてだ。他に頂上はない。

あなたはあなたを知らない。本当のあなた、無限の広がりを持つあなた、無限の次元を持つあなた、いつまでもいつまでも生き通して成長し続けるあなた。

あなたは肉体ではない。

「知ること」、「理解すること」だ。どこからどんな登り方をしようと構わない。あなたがあなたを助け、救っていくのだ。

どこかの団体や組織に入ることは、あまりお勧めできない。

どんなに素晴らしい集団であっても、その外側にいなさい。そこへ入ったり従属したりしないほうがよい。

それは成長を遅らせ、妨げになるだろう。それがあなたを、周りが見えなくなるほど無意識にさせてきたのだ。

真のあなたとはどこにも属さぬ、唯一無二の美しい花だ。

今まで不幸を避けるために、孤独を感じないように、何かにすがろうとしてきた。家族に、仕事に、組織に、友人に、社会に……。何かに属していれば安心できると思っていた。

しかし、あなたははじめからこの宇宙いっぱいに属している。この社会のどのような組織にいくつ名を連ねようと、あなたは不安と孤独を拭い去ることはできなかったじゃないか。

あなたは外側じゃなくて、他人じゃなくて、物じゃなくて、真のあなたにたどり着く以外どうにもならない。

問題は宗教や教団じゃない。「あなた」なのだ。それ以外はうっちゃっておくことだ。あなた自身の探求に全力を尽くすのだ。それを最優先にさせるのだ。それをあなたの死の心配よりも優先させるのだ。

今はすべてから離れることだ。そして一人でいることだ。頑張って一人でいることだ。あなたを頼りに、深く深くあなたの中に入っていくのだ。あなたがゴールだ。

今まで多くのものを外側に求めてきた。それがどうだったかを正直に問うのだ。今が真の幸福、安らぎに至る、最初で最後のチャンスだ。

今はもう自己にたどり着く以外、何も残されてはいないはずだ。

どれだけお金を手に入れようと、この世のすべての宗教の経典を暗記しようと、あなたが神を見ようと見まいと、関係はない。役に立たないのだ。
信じることでは、もう間に合わせはできない。
何かになったら、それは奪い取られる。
手に入ったものは必ず失う。
生まれたものは必ず死ぬ。
はじめからあったもの、そしていつまでもあるものに気付くことだ。
死も手を出せぬ何か。
死によっても終わることのない何か。
老子は言う。無為自然。つまり普通であることだ。そのままそのままということだ。
タントラの聖人ティロパは言う。大きな教えに従え。
小さな教えは「行い」へと人を導き、心を超えたるものに気付くことはできない。
ただ覚めていること、気付いていることだ。
登り口は違う。だが頂上は同じだ。
あなたの道を登ることには賛成だ。けれども今、死を目の前にしているあなたにそのエキス、その神秘のカギである「自己を見守り続ける」ということを、私はお勧めする。

私もまた、多くの道を登ってみた。いまだ頂上に達した実感はないが、頂上がどこであるのか、頂上が何であるかは分かっている。

頂上まであとどれくらいなのかは分からないが、道に迷うことはないだろう。

もし私がたどり着いたなら、決して本など書かないだろう。文字や言葉というものの虚しさには近づかないだろう。

これは私の遺言の書だ。

私は感じる。今死を目の前にしている人だけでなく、今生きているすべての人々の苦しみを。なぜなら私もまたそうだったし、今もそうだからだ。

不思議なことに、人はすべて同じことに悩んでいる。量の違いはあっても、項目の違いはない。私が達成しなくても、あまり心配しなくてよい。ここに書かれていることは、多くの聖者たちによってすでに証明されているからだ。

彼岸に達した聖人たちは、結局同じことを言っている。心を静めて、耳を傾けてごらん。ブッダにキリストにマハヴィーラにソクラテスにダルマに……。みな真の自己を知った者たちだ。ただその表現が違うだけなのだ。

「見る」のだ。考えるのではなく、ただただ自分に起こる一切を見守り続けるのだ。

いくら心配し、いくら考えたところで、知ることはできない。

この生を、今ここに起こっていることを、起こり続けていることを、直接体験していくだけだ。

あなた自身を体験するのだ。
あなたがあなたを味わうのだ。
あなたの肉体における一切を、
あなたの思考と判断を、
あなたの感情の一切を、
味わってごらん。

もし見ることができれば、気付いていることができれば、あなたはすべてを味わうことができる。

そうなるとすべてはオーケーだ。すべてはただある。ただ起こる。

あなたが苦しみを味わうことができたなら、それはもはや苦しみではない。

あなたに起こる一切を、巻き込まれずに、少し離れて「見る」のだ。そのすき間、その苦しみとあなたとのすき間こそ、至福だ。

そのすき間の発見こそが、我々の人生で起こる最大の奇跡なのだ。

それに比べたら、コロンブスも宇宙探検もたいしたことはない。

なぜなら、外側のものではあなたは真の変容を遂げることはできないし、幸せにもなれないからだ。

有神論者と無神論者

人は最初どちらかだ。有神論者か無神論者の。

だが、そのどちらもついには行き詰まるのだ。神を信じているものは、多少の慰めにはなる。問題を回避することにも役に立つだろう。だがそれは続かない。いくら神を信じ、神に願い、神を頼っても、依然としてあなたの欲望、あなたの不安、あなたの恐怖、あなたのみじめさは燃え続ける。時々小さかったり、大きかったりするが、決してそれらの炎が吹き消されることはない。そして神と自分とのあまりの距離に、自己嫌悪と絶望が続く。

一方、無神論者はすぐに気が付く。もし神がいないのなら、この世は何て無意味なんだろうと。すぐに彼は、神なしでは生きられないと感じる。自らの欲望に従って何を手に入れても、ガラクタになってしまう。すべては単調で、つまらないことの繰り返しにならざるを得ない。彼は生にどんな意味も喜びも見いだせなくなる。

少し賢い人は、懐疑論者になる。すべてを疑うのだ。これは少し近い。真理に少し近づくことになるだろう。しかし結局は何も見いだせず、悶々とする。

そして人は、ついにはそれら一切を超えていく。超えていく以外に道のないことを知る。そして一切を内側に求めるようになる。すべての源泉への探求が始まる。

それは真の自己を発見するまで続く。そこに帰り着くまで、人はくつろぐことはできない。それは人間の根源的希求だ。

生には無数の回り道、脇道がある。しかし最後には自己にたどり着くのだ。自己の何たるかを知れば、おのずと神の何たるかを知る。自己を知れば、他を知るのだ。すべては自己の表れだと知るに至るのだ。

あなたはどこへ行かずとも、ただあなたを探求し、あなたを発見すればよいのだ。

見る、見守り続ける。

すると次から次へとやってくる。

時を待てば、扉はひとりでに開かれる。

呼吸

呼吸、それは神秘だ。そこには多くの秘密が隠されている。

人はそれがあまりにも身近過ぎて、顧みたことがない。それに関しては、ほとんど何も知らない。

仏教、それはとても呼吸を重要視する。彼らは修行の中心に呼吸を据える。それを通して多くのことが可能になる。

あなたがもし自分の呼吸に目を向けるようになったら、それはあなたが自己の内側に何かの気付きがあった証しだ。外側を求めている人、体験や感覚の楽しみを追い求めている人は、呼吸には何ら関心を払おうとはしないものである。

それには用はない。それに興味はない。なぜなら、すでにもうそこにいつでもあるからだ。彼らは今持っていないもの、まだ見知らぬものを追い続ける。決して今あるものに目を向けることはない。

だからもしあなたが呼吸というものに焦点を当てるようになったなら、祝福に値する。

呼吸によってあなたは、あらゆる次元を、あらゆる世界を旅することができる。あなた自身のあらゆる層に出合うことができる。

あなたという存在は、実際は多次元なものだ。呼吸を使うことによって、そのすべてを体験することが可能だ。呼吸によってまた、多くのものをつくり出すことも、消し去ることもできる。平安、静けさ、恐怖、いらいら、笑い、泣き……何だってつくり出せる。それらは、呼吸することですぐに現れてくる。

それらの感情を一つ一つ観察するとき、あることに気付く。笑いには笑いの、泣く時は泣く時の呼吸というものがあるのだ。逆にいえば、そのように呼吸することによって、どのような感情もつくり出すことができるのだ。

ちょっと試してごらん。

泣いているように息をとぎれとぎれに吸ってみてごらん。肩で息をしながら、そのうちにあなたは、悲しくなってくる。本当に涙が出てくる。どんな理由もなく泣けてくる。

怒っているときのように呼吸してみてごらん。息を強く、短く吐いてごらん。だんだんとあなたは怒り出す。何の理由もなく。

また、満ち足りた時のように、優しくゆったりと呼吸してごらん。あなたはだんだん幸せになってくる。何も心配せずに、静かに、長く息を吐いてみてごらん。すぐにも幸せが訪れるのに気付く。

感情ばかりではない。呼吸によってあなたは、どこまでも高く高く登っていくことができる。あなたは呼吸によって、神にだって会いにいける。また、地球だって見学できる。

あなたの意志次第だ。

呼吸はあまりにも身近に、いつも当たり前のようにあるので、我々はとても無関心だった。

でも、真理とはいつもすぐそこにあるものだ。

禅僧は長息で長生きだ。毎日の座禅という深くて静かな呼吸によって、体と心のすべてを吐き出し、宇宙の癒やしを、愛を、エネルギーを、充分体の隅々にまで吸い込んでいる。腹式呼吸という「横隔膜の運動」は、内臓のすべてにマッサージを行っている。心と体のマッサージだ。

呼吸に関しては多くのものがあるので、興味のある人は勉強されるといい。とてもこの場で述べることはできないし、私もまだまだ知らないことばかりだ。

ついでながら、少しだけ述べたい。

それは「息を吐く」ことだ。息を深く長く吐くことだ。恐怖、いらいら、不安、悲しみ、そんなとき、人は呼吸が浅く、吸うことに重点が置かれている。また、平安、幸福、愛、祈り……そのようなとき、呼吸は深く静かで、吐くことに重点が置かれている。

よく観察してみると、我々が恐怖や悲しみの時、いつも息を吸おうとしていることに気が付く。それを見た時、まさにその時、息を吸う前に「吐く」のだ。吸う前に先に息を吐き出してごらん。

息を吸えば怖くなり、悲しみは増す。先に吐くのだ。全部吐き出してごらん。今すぐやってみることだ。そしてどういう感じがするのかを、実感するといい。

それはとても簡単だ。だがそれが問題だ。

あなたは簡単なものには興味がない。もっと複雑で神秘的な何かを、いつも追い求めている。それが真理であるかどうかはどうでもよいのだ。秘密であって、誰も知らないようなものが必要だと思っている。

真理は、いつでも誰の近くにもあるものだ。そしていつもシンプルで簡単なものだ。気を付けなければならない。

やってみるとすぐ理解するだろう。「まず吐く」ことによって、あなたの混乱が静まることを。人は何か問題があると、息を凝らしてしまうか、浅く吸おうとしてしまうものだ。

先に吐くこと。よく覚えておかなければならない。そして一日中気を付けておくことだ。何か問題があれば、深く吐くのだ。それを忘れないように。それを覚えていなくてはいけない。

あなたは貴重な武器を手にしたのだ。それは正しく使われなければならない。常に気を付けていて、自分の中に何か起こったら、まさにその感情が起こったら「吐く」のだ。

すべては「想い」から始まるのだから、それを吐き出してしまえば、それが現実となって現れることはなくなるのだ。心が静まりさえすれば、この世に何一つ問題などないのだ。この世界には多くのことがあった。そしてこれからもあり続けるだろう。だが、あなたが静まっていれば、あなたには何一つ起こらない。問題や恐怖や生や死が起こっても、あなたには何も起こらない。静かなものだ。

いろんな状況において、自分の呼吸をよく見てみるといい。たくさんのことに気が付くだろう。

あなたがまずやるべきこと。

①いつも気を付けていること。自分の心と呼吸を見守っていること。

②何かあったら、まず深く長く優しく吐くこと。

③吸うときは何も考えず、体に任せておくこと（吐きさえすれば息はひとりでに入ってくる。とてもリラックスを感じるだろう。人は何もしなくてよい時、リラックスするものだ。決して吸うときは努力してはいけない。息自体、あなたの体、あなたの生命力に任せることだ）。

あなたが自分の心の変化を観察したなら、ワクワクするだろう。こんなことで幸せになっちゃうなんて。

これを三回もやれば必ず気が付くからやってごらん。あなたが幸せな時のように呼吸してみてごらん。

最後に、ひとつ注意を。

呼吸法については気を付けなければいけないこともあるので、興味のある人は必ず正しい師の下で学んでください。

狂気
（狂気の子どもを持つあなたへ）

狂気の子どもを持つあなた。自閉症、精神病、神経症、ノイローゼ、躁鬱症、何でもいい。

それらの病気（実際は病気じゃないのだけれど）は、あなたがつくり出している。

それをつくったのはあなたなのだ。

あなたの狂気が、あなたにすべてを委ねている子どもたちを狂気に導いたのだ。だから彼らはあなたを愛している。彼らはあなたに同情し、悲しみを感じている。だから自ら狂気を選んだのだ。

あなたがその子どもを本当に癒やしたいのなら、あなたにまだ神聖な愛を感じるハートがあるなら、その子どもたちは帰ってくるだろう。そのためには、あなたから始めなくてはならない。

まずあなたの狂気を解き放たなくてはならない。脳自体に大きな傷を持つものでないのなら、とても短期間（二十一日～九十日の間）に癒やされるだろう。あなたの狂気を解決した後、あなたから彼らを離して、ある治療を行えば癒やされるだろう。

それはどんな薬も注射もなく、どんな鉄格子も強制もない。近くにはどんな精神科医もいない。なぜなら医者が治すのではないからだ。それを癒やすのは本人だ。

彼らがこの家庭に、この社会に平気で戻ってきてもよいと分かったとき、自分で戻ってくるだろう。そういう自由で自然な環境を与えてあげればいいだけだ。

だが、あなたの狂気がそのままなら、同じことが、いやもっと悲惨なことが起こるだろう。それは、あなたの狂気を子どもたちがまともに受けてしまうということだ。彼らにとってあなたの狂気、社会の狂気に対する唯一の防御方法が、自らを狂気にすることだったのだ。

彼らは小さい。彼らは弱い。そしてあなたから逃げ出すことができない。だとすれば、あとは自らを閉じ込める。心を閉じる。それ以外にないではないか。

原因はあなたなのだ。

まず、理解されねばならないことがある。まず取り組まなければならないことがある。それはあなたの狂気を見ることだ。自分の中にどんな狂気がいつ現れるのかを知ることだ。それからしか始めることはできない。

あなたの神経症。

あなたの自閉症。

あなたのノイローゼ。

あなたの躁と鬱。

あなたの常軌を逸した活動欲。

あなたのため続けた欲求不満。

あなたの恐怖、悲しみ。

あなたに勇気と知恵が欠けていたために直視せず、無視し続けたさまざまな狂気。

それは並外れた物だった。

それが正しい原因だ。それがあなたの子どもを閉じ込めてしまったのだ。あなたは子どもへの愛より自己の狂気に従っていたのだ。

そのことをまず知ること。

そのことをまず勇気をもって受け止めること。

そして、自分自身の成長と子どもを本当に救いたいと願う者は、この先へ進もう……。

その決心ができない人は、あなたの子どもだけでなく、あなたもまた、長い長い輪廻を巡らねばならない。「気付き」こそ輪廻を断ち切る唯一の方法だ。

あなたはそのどちらでも選ぶことができる。それは自由だ。どちらを取っても決して自分を責めてはいけない。それはそれでよいのだ。

そして今、叶うならば子どもを呼び戻したいと願うなら、それは可能だ。

あなたの中の狂気が去った時、静まった時、気が付いた時、子どもたちは明るい笑顔であなたの許へ帰ってくるだろう。そのプロセスが役に立つ。あなたが静まった時、子どもたちばかりじゃない、あなたの周りの一切が静かになる。信じられる？　いや信じられない。だから、あなたはそのままなのだ。だが、あなたは偉大なる決心をした。これからは信じられぬことが次々と起こるだろう。そしてすべてに感謝する時が来る。自身の狂気にすら手を合わす時が来るのだ。

これからあなただけが成長し、静まり、幸せになっていくわけではない。あなたのその成長の波動、その静けさは、あなたの子どもたちを、あなたの周りのすべてを、そしてこの地球を、この宇宙全体を癒やしていくのだ。あなたの波動はどこまでも届くのだ。どんなに遠くても、どんなに小さくても届くのだ。

あなたの狂気が周りを狂気に導いたように、あなたの正気がすべてを導くのだ。

大人ならその場から離れることもできるし、酒や娯楽で逃げることもできるだろう。だが、胎児は、赤ちゃんは、子どもたちは、その場から逃げたりすることはできないのだ。彼らは、あなたの保護なしには生きていけないのだ。そんな小さな生命が生き延びる唯一の方法、それは自らの心を閉じることなのだ。

それはそれでよい。済んでしまったことだ。あなたは今、正しい原因を知った。先へ進む決心をした。何とかできることも分かったし、何とかしようとも思っている。明るくやることだ。深刻さはこれからはもう必要ない。事実を見つめ、受け止める勇気だ。それで神はすべてを許される。深刻になってはいけない（人は間違いを通してしか成長できないのだから！）。

あなたが一歩一歩成長し、目覚め、幸せになっていくと、あなたの一切の狂気がいかに大切なものであったかを知るようになる。それは必要だったのだ。あなたは、それらの体験を通して成長していくのだ。それがあなたの大きな役目だったのだ。

あなたは全くの自由選択権を持っている。いたいだけその狂気の中にいることもできる。だがそれに飽きたら、もう充分味わったなら、そこから出てきたらいい。あなたがもういらないと言えば、あなたの狂気は去る。なぜなら、それを創り出したのもあなただからだ。あなたがすべての創造主なのだ。

だから、その狂気と共にあることを延期することもできるし、その強弱の調整、その狂気の種類の選択、それらの一切があなた次第だ。あなたが望むのなら、今すぐさよならすることもできる。

我々のこの地上での最大の役目、偉大なる仕事、それは多くの内や外の体験を通じて「自分自身を知る」ということ。正確に言えば「知り続ける」ということだ。あなたがあなたを体験し、知り、許し、さらに愛し、感謝し、祈り、全体の中へと解け去っていくことである。

あなたは今、たった一つのことに取り組むべきだ。それが「あなた」だ。あなたが唯一取り組んでこなかったことだ。

今あなたが生きている、その現実の中でそれをやっていくのだ。あなたはまず、自分から始めなければならない。そしてだんだんと理解していくだろう。

まず勇気をもってこの旅を始める決心をした瞬間、変化が始まるのだ。すぐにそれを感じるだろう。あなたはその瞬間、今までのあなたではない。さらに、その旅を決心した人、自己を知る決心をした人へ、この宇宙全体からの祝福が降り注ぐのだ。その祝福は外からも内からも降り注ぎ、湧き起こってくるのだ。

それは宇宙の意思に叶っているのだ。

それこそこの全体があなたに言いたかったことなのだ。

あなたが自己を見つめ、知り、それを許したとき、すべてが癒やされている。さらにもっと自己を許すとき、どこまでも許すとき、目を開けてみれば外の世界もまたそのような愛の波動に包まれているのを知るだろう。

やがて、あなたは静まっていく。その静けさの中で、あなたは至福を感じる。

あなたがすべきことは、自己を知って許すこと。どんな改善もいらない。どんな自己嫌悪も抱いてはいけない。

問題は、愛と癒やしと許しの心だ。それ以外、何一つ物事を良くすることはできない。もしあなたの中にそういう癒やしが起こったのなら、もし子どもがどこかの施設に入っているなら、引き取ってもいいだろう。

あなたのその癒やしの波動、その静けさが彼らを癒やすのだ。

彼らがもう狂気でいる必要がないと知った時、彼らは自分でこの社会に戻ってくるだろう。その時少しの手助けが必要なら、多くの方法が可能になってくる。

そんな時、あなたとあなたの子どもたちにカタルシス（カサーシス）や多くの瞑想、各種のヒーリングは役に立つ。それらが有効に働く準備が出来たからだ。何事も準備のないところにはやって来ないものだ。なぜならせっかくやって来てもあなたが受け取らないからだ。

そのとき、一つの方法がある。

深く自己の探求をし、静けさをたたえる人の下で、二十一日～九十日過ごすことだ。できれば美しい自然の中か海の近くがいい。そこで子どもたちは何もしないのだ。必要なものだけ与え、その他はそのまま放っておくのだ。そしてジベリッシュをやらせておく。すべてが自然になっていく。彼らの狂気はひとりでにおさまるだろう。彼らの表現に自然が戻ってくる。

しかし、ある親たちの中には、子どもたちの正気を望まないものがいる。なぜなら、狂気であれば彼らを自由に所有することができるからだ。それはまるで鎖につないだペットのようなものだ。

あなたは彼らを解き放たなくてはいけない。彼らはもう充分あなたに尽くし、そして仕込んだ。彼らを奴隷、犠牲にするのは、もうここらでやめようじゃないか。彼らに自分の人生を歩ませてあげようじゃないか。

あなたはかけがえのない所有物を失うかもしれない。あなたはまた独りぼっちになってしまうかもしれない。

でももう充分だ。彼らはもう充分、あなたのために犠牲になってきた。これからは彼らは彼らの生を、あなたはあなたの生を生きるのだ。あなたにはそれができる。あなたはあなたの決意、真実を見つめ、受け入れるという勇気ある決意によって、あなたは自分もまた自由になれるのだ。

彼らが解き放たれるだけでなく、あなた自身をもまた自由にするのだ。つながれた鎖が切られる時、両方に自由が訪れる。すべてがあなたにかかっている。あなたがまずカサーシスをやってみることだ。まずあなたの狂気を解き放つのだ。そうすればすべてがうまくいくだろう。

その同じ体験、その同じコツで、あなたの周りのすべての人間関係において、素晴らしい変化をもたらすだろう。

あなたから始めることだ。
あなたが空っぽになった時、周りのすべては空っぽになる。
あなたが自分を許さない時、何一つ許すことはできない。
この世の幸せのカギは、あなたがまず幸せになることだ。

出家

出家、それはこの狭苦しい世間の中にいて、広々と生きることを決心することだ。

この世の一切を、ただ自己に従って生きることを学ぶことを始めるものだ。

断片ではなく、一つの論理ではなく、一つの価値観でなく、一つの宗教でなく、一人の神じゃなく、一つの社会や一つの民族でなく、一切の自由を生きる決心をした者。

全体と共に歩むことを望む者。

全体と共に歩むことを望むこと。

それがどんなものであれ、自己を見つめ、受け入れ、許すこと。さらにこの全体の中に自己がとけ去ることを望む者。

真の自己の探求に全力をあげる者。

一切を知ることを望む者。

一切の限定を超えることを望む者。

今ここに生きる者。

美しいものを美しいと感じ、悲しいことを悲しいと感じ、生きる時は生き、死ぬときはただ死ぬ者。

生を充分に生き、そして何ものにもとらわれないことだ。

ところがどうだ。今の出家者の多くは世間よりもっと狭い寺に入り込み、社会よりもっと醜い一つの教団に入り、自分で勝手につくり出した唯一つの神や仏に固執し、探求を忘れ、儀式に明け暮れ、心は欲望を離さず、悶々としている。

今や出家とは寺を出ることだ。

今や出家とは自己の宗教を捨てることだ。

そしてどうするって？

他に何がある。そう、あなたはその時初めてあなたと面と向かうのだ。もうほかにどこへも行くところはない。あなたは家も捨て寺も捨てた。あとは「あなた」へまっしぐらだ。

学びたい時はあなたを学ぶことだ。

従いたいのなら、あなたに。

信じたいのなら、あなたを。

友が欲しいなら、あなたを。

寂しいのなら、あなたがあなたを慰めるのだ。

師はあなただ。

神も悪魔もあなた。

悟りもあなた、迷いもあなただ。

だから最後の一瞬まで体を大事にし、探求することだ。

死ぬことを考えるのは、心配するのは、死ぬ一秒前で沢山だ。そんな暇があったら、自己の探求だ。

あなたはだまされてきた。だまされ続けてきた。あなたはすべてのエネルギーを消費し、かつ搾取されてきた。そしてあなたは気付くところまでやってきた。「こりゃダメだ」「こんなことではどうにもならん」と。

あと一回、最後の一回、やってみるのだ。自己を見つめ、知り、生きていく。それによって一切を知っていくことを。

あと一回だけこれを信じ、これを行え。

あなたが外側でやってきた努力の一切を、今後は内側でやってみるのだ。

あなたが求めなかった、たった一つのもの。

あなたが探さなかった、たった一つの場所。

あなたが寺院であり、あなたが経典、あなたが宗教、そしてあなたが神だ。

出家するとは決心するということ。あなた自身に出家するのだ。全力をあげて。

そうやってダメだったら、思いっきり取り組んでダメだったら、今回の生はあきらめよう。だがその決心、探求は決してムダにはならない。少なくとも死の恐怖は薄らいでいるだろう。そして静かに死を迎えるだろう。心地よい疲労感と共に、死を一つの休息として受け入れるだろう。

もしダメでもだ。

だが何人かは知るに至る。

その人たちにとって、もはや死はない。死はもう起こらない。

静けさと喜びが訪れる。

死ぬ前に死を殺したのだ。

死ぬ前に死ぬのだ。

この全存在の中へとけ去っていくのだ。

本当の自分を知るのだ。

教育への
メッセージ

人間を取り巻くこの社会構造は、変わらなければならない。なぜなら、今までの一切の試みは失敗だったからだ。我々は何千年もの間同じ道をたどってきた。そしてどこにもたどりつかなかった。だれもたどり着かなかった。

我々は気が付くべきだ。何かが違っていたことを。そろそろ気が付いてよいころだ。

同じところを、ただ無意識にぐるぐる回っていただけだということを。我々の人生はカラカラに乾き、生気がなく薄っぺらなものになってしまった。

人は何を手に入れてもダメだった。手に入らなくても苦しんだ。外側からくるものは、結局役に立たなかった。

道徳も宗教も精神性も、何であれ、自己の中で気付いたものだけが価値を持つのだ。現在の教育は、過去のちょっとしたデータの暗記だけだ。この社会を有利に生きるために、技術や資格を身に付けることばかりにきゅうきゅうとしている。

子どもたちにどんな真正な体験も与えてはいない。また、真の体験とはあくまで個人的なものなのだから、親の価値観で限定してしまったり、他と比べたりしてはならない。

我々は「見る」ことを学んできた。

この全存在に対する深い信頼。人間とは肉体ばかりではないということ。

生は神秘だ。だから生から神秘を取ってしまえば、それはもはや生ではない。

生は決して論理なんかじゃない。生は決して我々が考えているようなものではない。

言葉や判断によって表されたものの一切は生ではない。

生とは生きるべき何かだ。

真理とは体験されるべき何かだ。

我々は生を見失ってしまった。そして、自分も子どもたちも、さも安全であるかのように、与えるルールの上に乗せようとしてきた。

だが今ここにきて、多くの子どもたちが叫び声を上げ出してきている。

もういやだ、もういやだ。

こんなの学校じゃない。

こんなの友達じゃない。

こんなの先生じゃない。

こんなの会社じゃない。

こんなの社会じゃない。

こんなの人生じゃない……って。

我々は一度何もかも休止して、ちょっと休もうじゃないか。そして一度あたりを見回してみよう。

我々は一体何をやってきたのだろう。

我々は一体何をやろうとしているのだろう。

ちょっとおかしいぞ！　だって誰一人幸せじゃないんだから。

我々は全く方向感覚を失っている。

オレっていったい何だ。

オレっていったい誰だ。

生きるっていったい何だ。

ここにきて、やっと我々は真正な心からの疑問を持つに至ったのだ。学校や教師や教育委員会や文部省、政治家やすべての専門家といわれるキツネやタヌキに化かされぬよう、自分自身に問いかけようじゃないか。その答えがたとえどんなものであっても、他人から与えられるものよりはましだ。

生に専門家がいるわけがない。また、必要もない。故意につくり出され、操作された幻影、マインドコントロールから、子どもたちを守ってやるのだ。

少しここで「嫉妬」について述べてみたい。

「嫉妬」――この根深きもの。この「いばら」は、いつまでも我々を地獄の鎖につないでおく。それが「嫉妬」だ。

「嫉妬」とは「比較の中に生きる」ことだ。

誰もが途中にいる。誰一人たどり着いたものはいない。上を見ると大きなみじめさが湧き、下を見ると大きな優越感を得る。

我々はこのハシゴから飛び降りなければならない。

すべての人々はユニークだ。それぞれの貴重な質、個性、あり方がある。一切が他と比べることのできない地位を占めているのだ。

誰も劣ってはいないし、だれも優れているわけではない。すべてはそれ自身であり、完璧であり、比べようもないたった一つ咲いた存在の花だ。

この大宇宙に同じものは決して二つとない。それがこの存在のありようなのだ。すべては違っているのだ。そして違っていていいのだ。

雑草が薔薇になる必要はない。

岩が泳ぐ必要はない。

人が空を飛ぶ必要はない。

すべての葉っぱが同じ形である必要はない。

人が人と比べたり、競争したりする必要は全くない。それぞれが個性を楽しめばよいのだ。

「比較する」瞬間、地獄が始まる。だからその地獄は、あなたがつくり出したものだ。はじめから違っていることが自然の摂理なのに、比べたり、同じようになろうとしたり、勝とうとしたり。

すべての子どもたちは比較の中で生きることを強要され、競争し、嫉妬し、頑張る。我々はいつも裁き、判断している。裁くとは、唯一真理を知る神のみの行為だ。その神でさえ、決して裁くことはない。神はどこまでも許し、どこまでも愛するのだ。裁かないことだ。誰もが自分自身だ。

比較の中に生きていれば、永遠に劣等感と優越感の輪から出ることはできない。それが地獄と呼ばれているものだ。

どちらも不毛だ。

どちらも不幸だ。

果てしない戦いがあるだけだ。そして誰も、どこにもたどり着くことはできない。

「嫉妬」――この根深きもの。

この社会は愛ではなく、この嫉妬を基盤にしている。

我々の知る一切の幸福感は、比較の中でしか感じることのできないものだ。だがそれに気が付き、あなたが「比較の目」を落とす時、一切は自由となり、愛となり、神秘となって、生は輝きだすのだ。

子どもを「比較の目」を通さずに、そのままを見ることだ。そのままが実相だ。神はそのようにその子を創られたのだ。

するとそれはすぐに驚きに変わる。そのすべてが神聖な光を放って、あなたのハートを打つ。こんなにも美しいものだったことを知る。

彼だけの泣き方。

彼だけの手の動かし方。

彼だけの喜びの表現。

彼だけの駄々のこね方。

彼だけの歩き方。

彼だけの寝方。

その一つ一つが感動となる。

あなたの子どもは他の子より顔が良くないかもしれない。手が片方ないかもしれない。とっても物覚えが悪いかもしれない。歌が下手で、スポーツも何をやってもダメかもしれない。

一体それが何だというのだ。

彼はただ彼であるという理由で、完璧であり、尊重されるべきだ。

彼は彼自身であること以外、どんなものにもなる必要はない。また、不可能でもある。

比較を落とし、知識、判断を落としてこの一切を見るなら、この世は美しい驚きの連続となる。

すべては美しく、すべてはそのままで完璧であり、ありのままである。

それにはまず、あなたが自分の中の「比較の目」を発見し、その古いパターンを捨て去らなくてはならない。

我々が比較という悪魔を退けた時、あの強大で自分を苦しめ続けた「嫉妬」もまた消えていく。

比較の影が嫉妬だ。比較がいないとき、嫉妬は現れることはできない。そしてそこから解き放たれたエネルギー、今まで全く違う方向に無駄に費やされていたエネルギーを、今度は許しへ、愛へと注ぎ込むのだ。

生は一変する。生が一変すれば死もまたその意味を変える。

あなたの大切な子どもたちに、この二の舞を踏ませてはならない。それはどこまで行ったところで不毛であり、地獄であるのだ。彼らには自分自身であることを教えるのだ。それがどんなものであっても。

彼らは神の子としてはじめから素晴らしい種を持っている。あなたは世間や社会のこの呪いから、子どもたちを守ってあげなくてはならない。

あなた自身から始めるのだ。

あなたが比較の鎖を断ち切り、自由と愛を味わうのだ。それがなければ、子どもたちを理解することはできない。それでもしばらくは、根強い嫉妬を感じるだろう。何事も一歩一歩だ。それは習慣、過去の古いパターンの残像でしかない。それに、あなたが「嫉妬」を落としたからといって、一体何を失うというのだ。

やってみることだ。

あなたとあなたの子どもたちと、あなたの周りのすべての人々が幸福になれる道だ。

エネルギーとその変容

一切はエネルギーだ。

それは動きに動き、流れに流れている。一切の中に充満して、決してなくなることはない。

そのエネルギーには二つの顔がある。男と女、善と悪、悲しみと喜び、集中とぼんやり、痛みと快感、孤独と友情、一と多、光と闇……。

一切は何らかの理由、意思によって現れ出る。片方だけを選んだり、消し去ること
はできない。

宇宙とはこの相反するもので成り立ち、また成長していくものである。

我々は、何か良くない、好ましくないものに出合うと、忘れよう、消し去ろうとする。

それはできない。そしてそれはしてはならない。なぜなら、片方を消してしまえば、もう片方も消えてしまうからだ。

生は死んだものとなる。しかし、そのエネルギーを変容することはできる。一切のものはその正反対のものに変えることができる。

それは我々次第だ。

それはあなたによって可能になる。

あなたは全能である。

あなたは創造主の子で神の子なのだから。

「見る」のだ。それがすべての出発点だ。だから生を死に変えることもできる。それが我々が今までやってきたことなのだ。あまりにも悲しみや不安や不安定を恐れるあまり、生自体を捨て去ってしまったのだ。

片方だけを選ぶことはできない。コインの裏と表のように。片方だけを選ぼうとすれば、コインそのものを捨てなければならなくなってしまうのだ。

痛みの反対の顔が快感だ。

悲しみと喜びは双子だ。

エゴと愛は兄弟。

幸と不幸は……。

不幸がないとき、どうして幸福がありえよう。悲しみを知らぬものが、どうして喜びとは何たるかを知りえよう。死のないとき、どうして生がありえよう。

生は両方だ。

生は一切だ。

それはそれでよいのだ。

しかし、それを何とかしたいのなら、それは可能だ。

憎しみは愛に、痛みは心地よさに、孤独は平安に、死は生に、変容することができる。

あなたには、それを可能にする能力がはじめから備わっている。あなたの意識、あなたのエネルギー、あなたの意志がそれを実現させる。

もしあなたが悲しみを喜びに変容できたら、死もまた変えることができるのだ。

生の中に多くのことが起こる。だがそのすべては、良くも悪くも、幸でも不幸でもない。それは我々の五感による勝手な判断にすぎない。

物事は起こるときにはただ起こるのだ。そして必ず過ぎ去っていく。だがあなたは残る。その一切を見守り続けるあなたは永遠だ。

見るのだ、見守り続けることだ。

全体と一緒に流れていくことだ。

全体と一緒に遊んでいることだ。

何も変えることもなく、悲しみは悲しみとして味わい、痛みは痛みとして受け入れ、幸は幸で、不幸は不幸で、そのままに何もしない時は何もせずにそのままに。

この全存在と一緒に漂っていくのだ。

全くの静寂。その中の究極のリラックス。尽きることのない気付きと歓喜。そしてすべての問題は、あなたがただ見守るということにおいて越えていくことができる。解決するわけでなく、解決できるわけでもない一切の問題をそのままにして越えていくのだ。それらの問題は、それらの問題自身に任せておく。問題たちは自分で何とかしていく。そして気が済めばひとりでに消えていくだろう。あなたはその一切を見守り続けるのだ。

また、あなたは一切を創造することもできる。もしそこに愛がないと気付いたら、愛を好きなだけ注ぎ込むことができる。嫉妬に気付いたなら、そこから離れることができる。

見ることによってすべてが始まる。

見ることによって知ったなら、あなたは自由になれる。

無知、無意識の中では、あなたは恐れ、何にも分からずにウロウロするばかりだ。

あなたは光が見えず、闇の中を手探りで歩く。そして同じ所で何度も何度もぐるぐる回ることになる。

見る、見守り続ける。そして一切を理解するのだ。その時あなたは、自己を神の子と知るのだ。すべては自分のエゴの影、欲望の蜃気楼、思考のつくり出した画像だと知る。あなたが自己の問題を解決しようとすればするほど、それはこんがらがってくる。

闇を闇で解決することはできない。なぜなら、そんなものははじめから存在しないものだから。闇（すべての問題、すべての悲惨さ）をどうにかしようとするのでなく、光をもたらすのだ。

嫉妬をいじくるのでなく、愛をもたらすのだ。憎しみに手出しせずに、許しを運んでくるのだ。憎しみや嫉妬と闘ったり分析したりすることにあなたのエネルギーを使うより、もっともっとたくさんのエネルギーを、愛をもたらすことに注ぐのだ。

嫉妬や憎しみ自体、良くも悪くもない。もしあなたが見守ることができるなら。それらは必要な要素だ。それらがあなたに気付きを、成長を、学びをもたらすのだ。

彼らにはそういう大切な役目があるのだ。それらを許し、さらにもっと大きなエネルギーを愛に注ぐのだ。

あらゆる精神科医は、この闇をいじくっている。そして彼らの商売は尽きることなく繁盛することになる。それは患者を患者のままでいさせることであり、さらに多くの患者を、つまり客を増やすことになるわけだ。

全体を見てみよう。我々は闇をいじくる。闇は決して光にならない。問題は決して解決しない。憎しみや悩みをいくら分析してみても、それらは依然としてそこにあるし、あり続けるだろう。なぜその人を憎むかの理由をいくら見つけ出しても、その憎しみはそのままだ。いや、その憎む正当性を発見すればするほど、その憎しみは増えるばかりだ。そしてその憎しみの波動は、相手ばかりかあなた自身をも苦しめ続ける。

一切のマイナスのもの、闇のようなもの、悪のようなもの、不幸なもの、美しくないものなどには構わずに、その反対のものにあなたの意識の焦点を合わせるのだ。そこへエネルギーを注ぎ込むのだ。

あなたには、一切のものを反対のものに変容する能力がはじめから備わっている。

そこにある事実を消し去ることは神にもできない。あるものはあり、起こるものは起こるのだ。

だが、それを変容することはできる。悲しいから泣くのでなく、泣くから悲しくなるのだ。笑っちゃえ、踊っちゃえ。幸せになってから笑うのでなく、先に笑っちゃえ。心配がなくなってから安心するのでなく、先に安心しちゃえばいいんだ。

そんなうまいことできるかって？　それはあなた次第だ。どっちみちもうすぐ死ぬのだ。心配して、苦しんで、恨んで、心残りで死ぬか、笑って、忘れて、喜んで、感謝して、愛しながら死ぬのかをあなたが選び、あなたが決めることができる。

そして願わくば、その一切を見守り続けるのだ。さらなる成長、永遠の成長に向かって。

肉体の死はすべての終わりではない。我々はどこまでも成長していかねばならない。また、成長していくことができる。死んだあとの世も、その次も、その次も、そしてその次の世も。

心を大きく持って、永遠を見つめてみよう。

一切をただ、見守り続けるのだ。

その中へ
入っていくことだけが
そこから抜け出る
唯一の道

この世の体験を強烈にやり尽くした人。エゴのゲームをさんざんやり尽くした人は、力を抜くことができる。すべてを手放し、明け渡すことができるまではダメだ。

一切に疲れ果ててくたくたになり、もうやることも行くところもなくなったとき、その素晴らしい瞬間、あなたのエネルギーは方向を変える。内へ内へと向かって流れ出す。

ブッダはその時、菩提樹の下に座ったという。へとへとになって座りこんだのだ。彼はこの世のありとあらゆる快楽を、二十九年間味わい尽くした。その後あらゆる苦行を六年間行った。どちらも彼をどこへも導かなかった。彼は絶望した。彼にはもう何一つ残された道はなかった。

「絶望」――この素晴らしきもの。神はこの時を待っている。

ブッダは望みを落としたのではない。それはひとりでに去っていった。彼は「望み」に従って、ありとあらゆることを試みた。「望み」ももう充分だった。「望み」は気がすんだ。そして感謝して静かに去った。

彼は初めてくつろぎを味わった。彼が一切の望みを手放したとき、くつろぎはひとりでに訪れた。彼がすべてを手放してあきらめたとき、悟りはひとりでに起こった。そしてそれははじめから、そしていつもそこにあったものだった。ただ霧が晴れただけだった。

だが、誠に幸いなことに、あなたは今、死を目の前にしている。一足飛びにたどり着けるだろう。神は誠に平等に、ありがたくも死というものを与えてくださった。

あなたはたどり着く以外に、もう行くところがない。死はやって来ようとしている。必ずやって来る。死より確かなものはない。

だが、あなたが目をそらそうとしているかどうかだ。すべての生きとし生けるものは死ぬのだ。死を疑う者はいない。他のすべてのものは疑うことができる。

悟り、神、幸福、常識、愛、恐怖、信仰、お金、友情、宗教……すべて疑うことはできる。だが、死は確実だ。

我々はあやふやな中に生きてきた。考えてみたり、信じてみたり、疑ってみたり。だが今初めて、絶対の真理を目の前にとらえようとしている。

この絶対の真理を直視しようじゃないか。我々がこの生で出合った、ただ一つの疑いようのない真実を今、目の当たりにしようとしているのだ。死は確実にあなたのすべてを奪うだろう。あなたの楽しい思い出の日々、家族との暮らし、命がけで築き上げてきたもの、それら一切は奪い取られる。

一切の苦しみから抜け出るたった一つの方法。それはその中へ入っていくことだ。

心配や恐怖はあるだろう。しかしほかに道はない。

いくら逃げようとしても、それはさらに強大になって我々を追い続ける。一時的に忘れることはあっても、それは依然として我々の背後にあり続ける。

しかしトンネルがいつまでも続くわけではない。必ず光が見えてくる。あなたにちょっとした勇気、そして気付きがあればオーケーだ。

世界中に無数の詐欺師がいる。彼らは一時的に忘れる薬を与える。まず薬だ。それは無意識という薬だ。回避という手品だ。

入っていくのだ。

潜り抜けるのだ。

見つめ続けるのだ、一切を。

すべての真実を見つめ続けていくのだ。

無視、回避、否定は、地獄を創り出す。思考を見つめ、怒りを見つめ、恐怖を見つめ、肉体を見つめ続けていく。そして、さらに深く、さらに内側へ入っていくのだ。

何もなくなるまで。

「何もなさ」こそあなただ。

あなたはある時点で、内と外の境が消えることに気付く。内側へ入っていったのだ。内と外はどこかで出合う。それらはどこかで解け合い、消え去る。

あなたは偉大な体験をする。何か「一つ」なるものを知るに至ったのだ。

見守るのだ、注意深く。

そこに欲望はあるのか。

そこに何か恐怖はあるのか。

そこに、今ここに、一体何があるのかを見るのだ。いつしか「何もなさ」が訪れる。

だが依然としてあり続けるもの、輝き続けるものがある。

あなた……だ。

探求のはじめからずっとすべてを見守っているもの。

一切は形を変えていく。生まれたものは死んでいく。良いものであれ、悪いものであれ、肉体であれ、感情であれ、すべては去っていく。

しかし、あなたは残る。

それら一切の現象は、あなたの中で起こる。起こり続ける。しかし、あなたには起こらない。

あなたとは、その全体ということ。

あなたは無始、無終、そして無限。

言葉だけで理解しようとしないで、実際に体験してほしい。

そして少しずつ、一歩ずつ進んでいってほしい。一度にたくさん食べると、消化不良を起こすから。

そして、食べ過ぎほど体に悪いものはない。

虚しさ

人は虚しさから逃げようとする。
だが、虚しさこそ神の声以外の何ものでもない。
それは真の叫びだ。
それはあなたをどこまでも追いかけ、真理にまで正しく導く神の手綱だ。

我々は虚しさに従って生きるべきだ。もし虚しさが起こったのなら、今どこかが不自然だという知らせだ。

それがどんなに素晴らしく見えたとしても、誰が何と褒めようとも関係はない。あなたのどこからか湧き出す虚しさという光。それはあなたを導く。

これからは虚しさに耳を傾けてみよう。

あなたは必ず道を外れることなく、真理へたどり着けるだろう。

結び

見ること、見守り続けること、目を覚ましていること、それは時にとてもしんどい。なぜなら、今までの数々の夢は打ち砕かれてしまうからだ。そして、あなたのこれからの夢には、あなたのあらゆる喜び、つまり野心や成功のすべてが絡んでいるあなたのエゴの全体が関わっているからだ。

だから、「見る」ことによってしんどく感じるのは、あなたではなくエゴだ。

あなたはリラックスして、ただ見る。それくらい何でもないことだ。

しかし、エゴにとっては、一番に恐れていた最終兵器だ。エゴはこの「見守る意識」以外には、何が出てきても平気で生き延びることができた。

だが、意識の光に当たった時、消え去る以外にないことを、エゴ自身が一番よく知っている。だから何としてでも抵抗してくる。さもなければ、エゴの死が待っているだけだ。

エゴは、夢や幻想を通してしか生きることはできない。

エゴは、思考や判断を通してしか生きることはできない。

エゴは、時間の中でしか、つまり現在以外のもの、過去か未来にしか生きることはできない。

過去に生きようが、未来に生きようが、何の違いもない。どちらも「今」から遠く離れている。どちらも現実から目を背け、逃げ回っている。

今を見ようとしない。

今を生きようとしない。

今を生きないものが、どうして未来を生きられよう。

今ここで生きることだ。

今ここでくつろぎ、楽にすることだ。

だって、どこへも行けやしないのだから。どこへ行ってもあなたは、いつもそこにいるのだから。つまりあなた以外の場所などないのだ。

何もしなくていい。だって、結局何もできないのだから。何をしようとあなた以上にはなれないし、何もしなくてもあなた以下には決してならない。

すべては、あなたが自分自身から引き離されていることから起こる不調和だ。

あなたがあなたであること以外に、このみじめさの悪循環から出ることはできない。

あらゆるものが失われている。なぜなら、あなたが失われているからだ。

もちろん我々は、明日には事態は好転しているだろうと期待するが、明日などというものは決してやってこないし、事態はさらに悪くなっていく。変化するかもしれないが、良くなるということはない。

あなたは解脱に至る秘法を手にしたのだ。

死に直面しない人は、相変わらずエゴと欲望という幻想の輪の中をぐるぐる回っている。

人間の唯一の関心は欲望だ。幸福には興味がない。必要は満たされねばならない。だが欲望には限りがない。

だから必要が満たされたなら、あなたの全エネルギーを、全意識を内側へ向けることだ。

あなた自身を発見するのだ。

あなた自身を思い出すのだ。

すべては良いのだ。痛むことも、苦しさも、自己嫌悪も、憶病も。それがなかったらあなたは先へ進もうとはしない。しがみつき、留まり、同じことを繰り返そうとする。

虚しさとやりきれなさがなかったら、あなたは永遠にそこを動かない。

すべての人間関係は壊れる。上手くいかない。それは良いことだ。そこで学び続けることができる。

死は良いのだ。それはあなたに、真理に直面するチャンスと勇気を与えてくれる天の贈り物だ。

すべての希望は、必ず絶望に変わるのだ。それは良いことだ。

我々はすべてを越えていかねばならない。

我々はすべてを越え続けていくことができるのだ。

この喜びの一大プロセスには、終わりというものがない。

この書はあなたを、最初は少し混乱させるかもしれない。でも全体を感じとってほしい。そして私の友情を感じ取ってほしい。

今、出口が分からずに苦しんでいる人がいるなら、私ができる限り学んできたものと愛を贈りたいだけだ。

残念ながらお別れする時が来た。もっとあなたと一緒にいたいけれど、何事にも切りというものがある。

私の学んだことはまだまだある。でもこれで充分だろう。

言葉において伝えられるものは伝えた。それ以外のものは、この中に秘めておくことにする。

あとはあなたの一人旅だ。

頑張って。

あなたに神の祝福を。

あとがき

本棚にしまっておいた自分で書いた最初で最後の本を、二十年ぶりに取り出して読んでみた。そしてその内容に自分自身が驚き、惹きつけられ、夢中になって読んだ。これを誰かに伝えたいと思った。最近二十年間に読んだり学んだりしたもののほとんどが、すでにここに書かれていた。

不思議だ。私はすでに知っていたのだった。私はもう六十四歳。今まで約一万冊の本を読んだ（小説、マンガ以外に）。そして探求し続けてきた。

今でもはっきり覚えていることがある。

小学五年生の時に、不意にどこからか「お前とは誰だ?」との問いかけが聞こえた。来る日も来る日もその問いかけはやってきた。それは内側からやってきた。私は考えたがさっぱり分からなかった。そして小学校の図書館の本をかたっぱしから読んだ。

このようにして私の探求は始まり、そしてそれは今も続いている。良き本と瞑想と祈り。そして師、マスター。

不思議なことがある。それは、この本を書いたのは私だということ。生とは不思議な何かだ。キリストも言った。私にできたことはあなたにもできる。それ以上のことができると。

すべての人には無限の可能性が開かれている。一人でも多くの人が、真実に目覚め、自己を知り、愛に生き、この瀕死に直面している人類と地球がよみがえらんことを祈る。

最後に――。

●あなたの本体は肉体ではない。

（霊であり、愛、平和、至福であり、不死である）

●あなたが人にしたことが必ず返ってくる。

●自然に対して為したことが必ず返ってくる。

●動物にしたことが返ってくる。（家畜を見よ。狭い所に押し込まれ、飼料は薬漬け。

我々もパソコンの前に一日中座り、食べ物は添加物で汚染されている。動物たちは、人間に食べられるために生まれてきたのではない。また、一キログラムの肉に十倍の穀物が、一キログラムのハマチに十倍のイワシが使われている）

あなたにしたことはすべて正確にあなたに返ってくる。人間が為したことはすべて正確に人間に返ってくる。

だから平和も幸もすべてあなた次第、人間次第!!

真のあなたを見つけて、愛と平和と幸を。

だってあなたはそれだから。

（幸せになる法＝親切、思いやり、反省〈魂の成長〉、良心、祈り、神……）

それが「**あなた！**」

かむながらたまちはえませ（最高最強のマントラ）

【著者プロフィール】

源　喜三太（みなもと　きさんた）

1952年、北陸生まれ。同志社大学卒。

大学卒業後、３年間の会社勤務ののち、地元へ帰り、飲食店と空手の道場を経営。

現在は、道場と整体院（主に股関節矯正と食事指導）を開きながら、神主、英会話講師としても活動。

【人生の師】
◎寺下金躍《きんりゅう》　○出口王仁三郎　○仏陀　○ラジニーシ　○桜沢如一
○ヨガナンダ

最後の質問

2017年２月21日　初版第１刷発行

著　者　源 喜三太
発行者　韮澤 潤一郎
発行所　株式会社 たま出版
〒160-0004 東京都新宿区四谷4－28－20
☎ 03-5369-3051（代表）
http://tamabook.com
振替　00130-5-94804

組　版　一企画
印刷所　株式会社エーヴィスシステムズ

ISBN978-4-8127-0402-8　C0011